KB272841

이향인

이향인

세상 밖에서
세상의 중심이 되는 사람들

라미 카민스키 지음 · **최지숙** 옮김

OTROVERT,
THE GIFT OF NOT
BELONGING

대범하고 섬세한 개인주의자를 위한 심리학 수업

21세기북스

내 안에는 내가 홀로 사는 장소가 있다.
그곳에서 나는 결코 마르지 않는 샘물을 길어 올린다.
-펄 벅

차례

무리에 속해 있지만
결코 섞일 수 없는 사람들

들어가며

"제가 어떻게 도와드릴 수 있을까요?"

"당신이 생각하는 치료 목표는 무엇인가요?"

새로운 환자와 처음 마주 앉을 때 나는 보통 이렇게 묻는다.

이 질문들에 처음부터 뚜렷한 대답을 내놓는 사람은 드문데, 이는 너무도 당연한 일이다. 사실 이 질문은 답을 듣고자 하는 말이 아니다. 그보다는 앞으로 치료의 주도권이 환자 자신에게 있다는 점을 강조하기 위한 말이다. 우리가 다루게 될 것이 다름 아닌 그들 자신의 삶이기 때문이다. 나는 종종 이렇게 말한다.

"당신은 이 배의 선장입니다. 나는 당신이 고용한 항해사이고요. 이 바다는 당신에겐 낯설겠지만 나는 여러 번 건너본 적이 있어서 익숙하지요. 당신이 원하는 방향으로 나아갈 수 있도록 내가 도와줄게요."

그 여정이 어떻게 펼쳐지든 내가 환자들에게 품는 바람은 늘 같다. 우리가 함께한 시간이 끝날 때, 그들이 자기 모습 그대로를 받아들이고 기뻐하는 것이다.

언뜻 별것 아닌 목표처럼 들릴지도 모른다. 하지만 곰곰이 생각해보면 그것이 얼마나 어려운 일인지 깨닫게 된다. 오늘날 적잖은 사람들이 자신을 다른 사람처럼 보이게 포장하고, 다른 사람이 가진 것을 원하며, 심지어 아예 다른 사람이 되길 바라며 살아간다. 무언가를 열망하는 것 자체는 문제가 아니다. 진짜 문제는 대부분의 사람이 지금 가진 것보다 더 낫다고 여기는 무언가를 열망한다는 점이다. 결국 많은 사람이 현재의 자신과 이미 살아가고 있는 현재의 삶을 못마땅하게 여긴다.

때로는 자기다움에서 벗어나 다른 누군가를 닮고자 하는 마음이 질투나 야망, 혹은 더 나은 사람이 되고 싶다는 순수한 욕구에서 비롯되기도 한다. 하지만 변화를 바라며 나를 찾아오는 환자들을 자세히 들여다보면, 그들이 진정으로 원하는 것은 '사랑받고 받아들여지는 사람', 다시 말해 '무리에 어울리는 사람'이 되는 것일 때가 많다. 그들은 소속감이 인간이라면 누구나 공유해야 하는 미덕이자 목표라고 배워왔다. 하지만 사실 소속감은 그 어느 쪽도 아니다. 소속감은 단지 하나의 '감정'일 뿐, 현실에서 실체가 있는 무언가로 존재하지 않는다.

바로 이 지점에서 인류의 난제 중 하나가 등장한다. 바로 '인간은 한 명 한 명이 고유한 존재이면서도 그 고유함과 정면으로 대립하는 감정을 끊임없이 좇는다는 사실을 어떻게 이해해야 하는가?'이다.

나는 40년 넘게 정신과 의사로 일해왔다. 그동안 나의 관심은 이집트 시나이 사막의 외딴 지역에서 베두인 부족을 돌보는 유일한 의사로 일하는 것에서 출발해, 뉴욕시 마운트 시나이 병원에서 조현병 병동을 운영하는 일로 이어졌고(말 그대로 시나이에서 시나이로 옮겨간 셈이다), 이후 뉴욕주 전체의 정신 건강 관리를 총괄하는 기관에서 의료 운영 책임자로 일하는 데까지 확장됐다. 의대생들과 전공의들을 가르쳤고, 지역 사회와 대학병원(마운트 시나이 병원과 콜럼비아 프레스비테리언 병원)에서 환자들을 치료했다. 임상 및 약리학 연구도 병행했고, 개인 진료에도 늘 힘을 쏟았다. 그리고 그 모든 시간 동안 계속해서 나만의 치료 철학을 발전시켰다.

맨해튼의 개인 진료실에서 나는 각계각층의 사람들을 만났다. 그중에는 세계적인 리더들, 저명한 공연 예술가들, 각 분야의 최고 전문가들도 있었다. 이들 중 상당수는 왜 자신이 가장 가깝고 친숙한 사람들 이를테면 친구, 동료, 심지어 가족들과도 연결된 느낌을 받지 못하는지 괴로워했고 이에 도움을 받고자 했다.

상담을 거듭하다 보면, 그들이 평생 어디에도 어울리지 못한다고 느끼며 살아왔음이 드러나는 경우가 많다. 다른 사람들과 함께 있을 때도 그들은 늘 관찰자일 뿐 실제 참여자가 되지 못한다. 또한 누구와 함께 있든, 어떤 무리에 속해 있든, 진정으로 소속되어 있다고 느끼지 못한다. 일반적으로 사람들은 '타인과의 관계' 속에서 자아를 형성하곤 한다. 자기 자신을 정의할 때 가장 먼저 남편이나 엄마, 선생님이나 지도자 같은 존재를 떠올리는 것처럼 말이다. 하지만 이 환자들은 공동체적 군집 밖에서 삶을 경험한다.

이들 대부분은 정신질환 진단을 받은 적이 없다. 신경 발달에 특이성이 있거나 자폐 스펙트럼에 속하지도 않는다. 사회 부적응자도 아니고 대인 관계에 불안을 느끼지도 않는다. 그렇다면 이들은 왜 이토록 어울리는 데 어려움을 겪는 걸까? 드물게는 이들의 사회적 어려움이 수줍어하고 내향적인 성격에서 기인한다. 때로는 인종이나 성적 지향성, 장애 등의 이유로 사회 주변으로 밀려나거나 '다른 존재'로 취급받은 결과이기도 하다. 하지만 대부분 진짜 이유는 전혀 다른 데 있다.

수년간 이러한 특성들을 관찰하고 연구해온 끝에 나는 이들이 겪는 문제의 근원이 전 세계 모든 인종, 민족, 성별을 막론하고 존재하는, 뚜렷하고 이전에는 주목받지 못했던 하나의 '성향'에 있음을 발견했다. 그것은 공동체 지향성의 부재, 다시 말해 선천적으로 소속감을 느끼지 못하는 특성으로 요약된다. 이는 내가 뼛속 깊이 이해하는 존재 방식이다.

'왜 나는 늘 주변 사람들과 이렇게 다르지?' 나 역시 어린 시절, 늘 그 이유를 궁금해하며 지냈다. 따돌림을 당하거나 거부당한 적은 없었다. 친구도 있었고 쾌활했으며 누구나 인정할 만큼 인기도 많았다. 나는 학교도 좋아했다. 수줍거나 내성적인 성격이 아니었고 사람들과 어울릴 때 불안해하지 않았다. 내가 자란 도시의 미로처럼 끝없이 이어진 뒷마당과 건물 사이를 누비며 뛰어다니는 걸 좋아했다. 그렇게 겉으로는 밝고 잘 적응한 아이처럼 보였지만 속으로는 스스로가 미운 오리 새끼 같았다. 어린 시절 내내 여러 친구 무리에 속해 있었어도, 나는 그 어느 곳에서도 진정으로 속해 있다는 느낌을 받지 못했다. 나와 다른 아이들 사이를 가로막는 벽은 눈에 보이지 않았다. 아무리 인기가 많아도 나는 늘 외부인 같았다.

친구들이 모두 즐겁게 참여하던 단체 활동, 이를테면 스포츠팀, 데이캠프, 캠핑 등 아이들이라면 대부분 고대하는 일들이 나에게는 별다른 이유 없이 몹시 거북했다. 하지만 이런 감정을 털어놓으면 내가 이상하거나 비정상적으로 보일까 두려워, 다른 아이들만큼이나 그런 활동들을 기대하는 척했다. 역설적이게도, 나는 멋지고 활달해 보이는 겉모습을 연출하는 법을 터득한 '사교적인 외톨이'였다. 다른 사람들 눈에는 내가 타고나기를 명랑한 듯했겠지만 실상은 전혀 그렇지 않았다.

이 가면 놀이는 사춘기가 시작되면서 더 이상 지속하기가 힘들어졌다. 청소년기에 흔히 몰려오는 감정의 거센 물결에 더해, 나는 또 다른 혼란과 답답함에 시달렸다. '나는 왜 다른 사람들이 관심 두는 일들에 관심이 없을까?' 친구들 사이에 흐르는 친밀감을 나도 어떻게든 즐기고 싶었다. 그것은 '함께함'의 느낌이었다. 시시한 잡담, 성적 무용담, 스포츠팀을 향한 열정, 롤링 스톤스의 노래를 줄줄 꿰며 이야기를 나누는 것. 나는 남녀를 불문하고 내 또래들이 원하는 모든 것을 공유하고 싶었다. 하지만 그 어떤 것에도 진심 어린 흥분이나 흥미가 생기지 않았다.

나는 속없는 잡담이나 허세 섞인 말보다 마음을 터놓고 진심을 나누는 진솔한 대화를 선호했지만, 다른 십 대 친구들처럼 내가 해야만 할 것 같은 일들을 흉내 냈다. 축구선수들의 이름을 외우고, 파티에 가고, 멋진 남자처럼 옷을 입고, 머리를 길게 길렀다. 정치 이야기나 반에서 가장 예쁜 여자애는 누구인지, 혹은 최신 블록버스터 영화에 대한 평가처럼 대화가 조금이라도 논쟁의 여지가 있는 주제로 흘러가면 나는 다른 친구들이 의견을 모을 때까지 기다렸다가 대세를 따랐다. 대부분 동의하지 않았으면서도 말이다.

외적으로 나는 학교의 다른 아이들과 다를 바 없었다. 내가 겪는 불편함은 온전히 내적인 것이었다. 그래서 누구에게도 그 불편함을 털어놓을 엄두가 나지 않았다. 종일 이어지는 나의 연기는 오스카상을 받을 만했을지 모르지만, 나를 공허하고 지치게 만들었다.

그러다 20대가 되면서 무언가가 바뀌었다. 또래들과 격의 없이 친밀하게 지내는 듯 보이려는 노력을 더는 지속하기가 어려웠다. 학부생 시절과 의대생 시절에는 짊어져야 할 학업 부담이 상당했고, 즐기지도 않는 활동에 한정된 자유 시간을 쓰는 것이 점점 더 매력 없게 느껴졌다.

나는 집단의 역학에 구애받지 않고, 솔직한 의견을 나누며 친밀한 일대일 우정을 키울 기회를 갈망했다. 내 존재를 확인받기 위해 집단의 인정이 필요하지 않았고, 다수의 의견이 내 견해나 의사결정에 영향을 미치게 하고 싶지도 않았다. 나는 이제 연기를 그만둘 때가 되었다고 판단했다.

이 무렵, 나는 또 한 가지 사실을 깨달았다. 집단을 움직이는 원리나 생리에 평생 공감하지 못한 성향 덕분에 내가 유난히 예리한 관찰자가 되었다는 것이다. 나로서는 이해하기 힘든 행동들을 꾸준히 해독하려고 애쓴 결과였다. 무리를 따르고 싶다는 진심에서 우러나오는 의지가 나에게는 없었다. 그래서 깊이 공감하는 관계 형성을 억누르고 외부인으로 판단되는 사람들을 배제하는 집단 규범에 맞추기보다 한 사람 한 사람과 강하게 연결되는 길을 택했다. 언제나 집단에서 한 발 떨어져 있다고 느꼈기 때문에 나는 그 구성원들을 각기 고유한 감정 반응, 패턴, 개성을 지닌 개인으로 볼 수 있었다. 그리고 그제야 알게 되었다. 비록 겉으로 드러내지 않았더라도 내가 집단의 합의에 끊임없이 의문을 품어왔고 그로 인해 남들이 보지 못하거나 보려 하지 않는 시각에서 문제를 풀어내는 창의적인 사고방식의 소유자가 되었다는 사실을 말이다. 게다가 유행하는 활동, 유행, 취미에는 대부분 관심이 없었기에 오히려 나만의 관심사와 학업에 놀라울 만큼 집중할 수 있었다.

달리 말해, 어린 시절의 나를 몹시도 당혹스럽게 했던 이런 성격적 측면, 즉 '비소속성'이야말로 내가 정신의학과 의사로서 성공적이고 보람찬 경력을 쌓게 해준 원동력이었다. 나는 미운 오리 새끼도, 백조도 아니었다. 그저 전혀 다른 부류의 새였을 뿐이다. 힘겨운 사춘기를 거친 뒤 얻은 이 깨달음은 짜릿한 가능성을 보여주었다. 무리를 따라가는 대신, 나는 나만의 궤적을 그려갈 수 있다는 사실이었다.

나는 나 자신, 내가 만난 나와 비슷한 사람들, 그리고 기존의 진단으로는 설명할 수 없는 이질감을 느끼는 환자들을 대상으로 이러한 성격적 특성들을 관찰하고 연구했다. 연구가 진행될수록 우리 모두에게 공통으로 나타나는 뚜렷한 특성들을 추려낼 수 있었다. 그렇게 발견한 내용을 글로 옮기기 시작하면서, 나는 이런 사람들(물론 그 안에는 나도 포함된다)을 가리킬 단어를 찾기 시작했다.

현대인의 대부분은 칼 융Carl Jung이 제시한 외향인(밖을 향하는 사람)과 내향인(안을 향하는 사람) 개념에 친숙하다. 대중심리학의 발달로 이 용어들은 이미 확고하게 자리를 잡은 편이다. 하지만 나 같은 사람은 안으로도, 밖으로도 향하지 않는다. 우리의 정체성을 결정하는 근본 요소는 '남들과 다른 방향'이다. 그렇게 해서 나는 '이향인otrovert'이라는 용어를 만들었다. 스페인어에서 'otro'는 '다른'을, 'vert'는 방향을 뜻한다. 말 그대로 'otrovert'는 '다른 방향을 향하는 사람'을 의미한다.

우리 사회는 공동체와 소속감이 주는 이점에 매우 큰 비중을 둔다. 이는 지극히 당연한 논리다. 특히 오늘날처럼 그 어느 때보다 많은 사람이 외로움과 소외감, 단절감으로 심각한 정신적 문제를 호소하는 시대에는 더욱 그렇다.

사회적 연결이 다양한 신체 및 정신 건강상의 이점을 준다는 사실은 과학적으로도 충분히 입증되어 있다. 하지만 연결감이 곧 '소속감'을 의미하지는 않는다. 비록 우리 사회에서는 이 둘을 종종 같은 의미로 사용하지만 말이다. 우리가 "소속되어 있다"고 말할 때, 그것은 어떤 집단과 하나가 된 것 같은 일체감을 느낀다는 뜻이다. 그 집단은 친구 모임일 수도 있고 동료 네트워크일 수도 있으며 흩어져 살지만 인종·민족·성적 지향 등과 같은 정체성을 공유하는 사람들의 모임일 수도 있다. 물론 그 집단에 진정으로 속해 있다고 느끼려면 구성원들과 어느 정도 친밀감을 쌓아야 하는 것은 사실이다. 하지만 그 안의 개별 인물과 연결된 느낌을 얻기 위해 꼭 집단에 속해 있을 필요는 없다. 생각해보라. 누군가와 느끼는 유대의 깊이가 같은 집단의 소속 여부에 달려 있다면, 우리는 이런 정체성에 기반한 집단 밖의 사람들과는 진정한 친밀감을 나눌 수 없을 것이다.

현대 사회에서 부족 중심주의tribalism(진화를 통해 인간이 갖게 되었다고 여겨지는 공동체 지향성을 가리키는 또 다른 표현)는 우리를 더 안전하게 만들거나 소외감을 덜 느끼게 하거나 삶에 더 만족감을 주지 않는다. 오히려 그 반대라는 사실은 양극화된 정치만 봐도 알 수 있다. 그럼에도 불구하고, 동참과 순응이 중시되는 세상에서 이향인이라는 존재는 종종 문제아 취급을 받는다. 이향인들은 "흐름에 따르라"거나 "팀 플레이어가 돼라"는 요구를 자주 받곤 한다. 다시 말해, 사회라는 퍼즐에 자신을 끼워 맞추기 위해 본래의 비소속적 본성을 제쳐두라는 것이다. 이향인들은 일대일로 상호작용을 할 때 꽤 사교적이고 붙임성 있는 경우가 많다. 그런 이유로 집단 활동 참여에 관심이 없거나 한 번에 많은 사람과 어울려야 하는 행사 참석을 꺼리는 모습을 보일 때는 종종 오해를 사기도 한다.

이향인인 당신이 집단에 잘 녹아들면 사람들은 당신을 그냥 내버려두고 신경 쓰지 않는다. 이것이 많은 이향인이 시간을 들여 소속되려는 척 애쓰는 이유다. 하지만 그들에게 있어 순응하고, 내부자가 되고, 함께함을 경험하려는 시도는 헛된 일이다. 그들은 '공동체적 인간'이 아니므로 집단에 초대받고 참여를 권유받는다 해도 진정한 의미에서 집단의 일원이 된 기분을 느낄 수 없다. 더구나 그렇게 되고 싶어 하지도 않는다.

그리고 바로 이 부분에 이향인으로 사는 가장 큰 이점이 존재한다. 자신이 누구인지 받아들이고 이해하고 나면 집단에 속할 때 따라오는 엄청난 사회적 압박에서 벗어날 수 있게 된다. 어떤 특정 집단에도 애착을 갖지 않는다면 당신의 자존감은 집단의 인정 여부에 좌우되지 않는다. 집단의 입장이나 의견, 관점을 지지해야 할 의무도 없다. 개별적 관계에서 친밀함과 연결감을 누리면서도, '집단의 이익'을 우선하고 개인적 필요보다 사회적 필요를 충족시켜야 한다는 사회적 계약에서 벗어날 수 있다. 또한 당신은 본래 진실이라고 알고 있는 것과 진실로 받아들이도록 주입된 것을 구분할 수 있게 된다. 그리고 무엇보다 좋은 점은 이러한 독립적 사고가 당신에게는 당연하고 익숙한 방식이라는 것이다.

바로 이것이 이 책이 전하고자 하는 바다. 이 책은 공동체라는 틀 밖에서 살아갈 때 누릴 수 있는 크나큰 자유와 충만함을 묘사하고 설명한다. 동시에 이향인의 관점이 세상에 기여하는 특별한 가치에 포커스를 맞춘다. 안정을 위해서는 널리 통용되는 상식이 필요하지만 진보에는 혁신적 아이디어가 필수다. 따라서 우리는 그것을 배척하기보다 받아들이는 법을 배워야 한다. 지그문트 프로이트Sigmund Freud가 말했듯 "사유의 영역에서 내려지는 중요한 결정과 중대한 발견 그리고 문제의 해결책은 고독 속에서 분투하는 개인에게서만 나올 수 있다. 그것은 변함없는 진리다."

수년간 환자들을 치료해오면서 내가 이향인이라는 사실이 내 치료 철학을 형성했고, 또 환자들을 돕는 능력에도 큰 영향을 미쳤다는 것을 점점 더 자각하게 되었다. 나는 대다수의 사람들이 간과하는 권리, 즉 자신의 정체성을 스스로 정의할 권리를 중시한다. 자신이 속해야 한다고 여겨온 집단의 기준으로 정체성을 규정해오다 마침내 본연의 모습을 다시 찾으면, 자기 자신이야말로 삶에서 가장 중요한 존재라는 사실과 스스로를 돌봐야 할 책임을 깨닫게 된다. 내가 나 아닌 다른 누구도 될 수 없으니 나라는 존재를 좋아하고 소중히 여기는 것은 지극히 당연하다. 이 깨달음보다 더 큰 해방감을 선사하는 것이 또 어디 있겠는가?

이향인의 특성과 그들의 독특한 세상살이 방식을 알아가다 보면, 당신이 이향인이라는 사실을 깨닫거나, 혹은 주변 사람들, 어쩌면 아주 가까운 사람들 가운데 이향인이 있음을 알게 될지도 모른다.

이 책에서 당신이나 당신이 아는 사람의 모습을 발견하든 그렇지 못하든, 이향인의 경험이 세상을 살아가는 방식에 대한 집단적 통념을 바꾸고 나아가 어떻게 풍요롭게 만들 수 있는지 알게 되기를 바란다. 당신이 이향인이든 아니든 가장 지속하는 관계는 바로 자기 자신과의 관계다. 그 관계를 단단히 하면, 타인을 더 깊이 이해하고 타인과 연결될 수 있는 마음의 여유와 에너지를 얻을 수 있다. 그것도 당신만의 방식으로 말이다.

자신의 삶을 집단의 평가에 맡기는 것은 결국 행복에 대한 주도권을 포기하는 것과 같다. 철학자 프리드리히 니체Friedrich Nietzsche가 말했듯, "자유란 자신을 책임지려는 의지다." 부디 이 책을 통해 당신이 내적 자유를 찾을 수 있길 바란다.

1부

1부

그들은 누구이며 어떤 특성을 가지고 있는가?

공동체의 바깥에 서 있는 사람, 이향인

1장

"왜 저는 친구들이 좋아하는 걸
하나도 안 좋아할까요?"

이향인 otrovert

명사, 형용사 〔oʊtrəvɜːrt〕; **동사** 〔oʊtrəvɜːrt〕

이향인은 어디에도 속하지 않는 성격 특성을 보이며, 공동체 중심의 세상에서 언제까지나 외부인으로 존재한다. 관계 형성에 어려움을 겪는 사람들과는 달리, 이향인은 공감 능력이 뛰어나고 친화력도 있다. 눈에 띄는 행동상의 문제도 없고 겉보기엔 잘 적응한 사람처럼 보이지만 사회적 집단에 진정으로 속한다고 느끼지 못한다.

"뭐라고 설명해야 할지 모르겠네요. 참 다정한 아이예요. 생긴 것도 그렇지만 마음 씀씀이가 예쁘고, 머리도 정말 비상하죠."

몇 년 전, 내가 오랫동안 치료해온 환자 N과의 상담은 이렇게 시작됐다. 그녀는 자기 이야기가 아니라 아들 A의 이야기를 하고 싶다고 했다. 고등학교 1학년인 A는 화목한 가정에서 부모의 세심한 보살핌을 받으며 자랐지만, 중학교 마지막 해부터 사회적 관계에 있어 어려움을 겪기 시작했다. 하지만 그의 문제는 엄마인 그녀가 한 번도 들어보거나 본 적 없는 종류였다. 그 나이 아이들이 흔히 겪는 따돌림이나 소외, 또래 집단의 압박에 따른 불편함 같은 문제가 아니었다. 그녀는 이렇게 말했다. "오히려 아들은 학교 가는 걸 즐거워하고, 성적도 전 과목에서 A를 받아요. 모두에게 사랑받고 파티에도 자주 초대되지만, 대부분 가지 않죠."

A는 우울하거나 불안해하지 않았고, 큰 무리는 아니더라도 가깝게 지내는 친구 몇 명은 있었다. 하지만 그는 모임이나 여행 초대는 번번이 거절했는데, 그녀로서는 그 이유를 알 수 없었다. "십 대 아이치고는 감정 기복이 없고 화도 잘 안 내요. 그런데 속을 전혀 보여주지 않아요. 무슨 생각을 하는지 도통 모르겠어요. 친구들이 같이 캠프에 가자고 계속 초대해도 왜 가기 싫은지 말하려 하지 않아요. 제가 가장 걱정되는 점은 사회적으로 뒤처지고 있을지도 모른다는 걸 그 애가 전혀 개의치 않는다는 사실이에요. 열네 살 남자아이가 또래 남자아이들과 어울리는 데 아무런 관심이 없다니, 그게 어떻게 가능한 일이죠?"

이런 사례는 전에도 본 적이 있었다. 자식이 대인 관계에서 어려움을 겪는 걸 지켜보며 괴로워하지 않을 부모는 없다. 특히 사춘기에는 이런 걱정이 더 커지는데, 이 시기에 소외되는 경험은 아이의 기분과 정서적 안정, 심지어 일상생활에도 심각한 영향을 미칠 수 있기 때문이다. 하지만 N의 이야기는 조금 달랐다. 그녀는 A가 인기가 없을까 봐 걱정하는 게 아니었다. 그녀는 A가 똑똑하고 여러모로 조숙한 아이인데도 어딘가 '근본적으로 다른 아이'일지도 모른다는 걱정을 하고 있었다. 그녀는 이렇게 말했다. "A가 네 살 때였나, 아이가 다니는 소아청소년과 간호사가 그러더라고요. 자기도 모르게 애한테 자기 인생 고민을 털어놓고 싶은 충동이 들었대요. 그러다 아차 싶어 정신을 차리고 멈췄다고요." 그리고 그런 경험은 그 간호사만의 일이 아니었다. 친척이나 가족 친구, 심지어 선생님들까지도 A 앞에선 자신도 모르게 마음을 터놓고 싶어진다고 말했다. 그가 아직 어린아이라는 사실조차 잊고 말이다. "저희 어머니는 아이가 '엠파스empath'*라고 확신하고 있어요. 그게 뭔지는 모르겠지만요. 하지만 저는 그 애가 특별하길 바라지 않아요. 그냥 평범한 십 대로 자라줬으면 좋겠어요." 그녀는 떨리는 목소리로 말했다. "그 나이에 사회적 관계에 관심이 없다는 건 정상이 아니잖아요."

나는 그 나이대 아이들이 재미있다고 여기는 일에 무심한 A의 태도가 일반적이지는 않다고 인정했다. 하지만 그것이 정신과적인 문제로는 보이지 않는다고 말하며 그녀를 안심시켰다. 나는 A가 치료를 받고 있는지, 신경 심리 검사를 받은 적이 있는지 물었다. 그녀는 둘 다 그렇다고 대답했다. "검사 결과는 지능이 높고 정서적으로 성숙하고 인지적 문제도 없다고 나왔어요. 그런데 치료사 본인도 이 아이가 어떤 아인지 잘 모르겠다고 하더라고요. 그 말을 듣고 저는 더 불안해졌죠."

3주 뒤, 나는 A를 진료실에서 만났다. 그는 열네 살 아이답게 수줍은 모습으로 들어섰다. 잘생긴 얼굴에 매력적이고 차분한 아이였다. 나는 말했다. "엄마는 너한테 '소외 불안 증후군FOMO'**이 없어서 걱정이라는구나." 우리 둘은 웃었고, 그는 이내 진지하게 말을 이었다. "뭔가를 놓칠까 봐 불안해하는 게 소외

---

* 타인의 감정이나 에너지를 직관적으로 깊이 느끼고 흡수하는 공감 능력이 매우 뛰어난 사람을 뜻하는 말.
—옮긴이

** 'Fear of Missing Out'의 줄임말로, 자신만 중요한 무언가를 놓치고 있는 듯한 불안감을 의미한다.
—옮긴이

불안 증후군이잖아요. 근데 내가 놓치고 있는 게 없다는 걸 알면 불안해할 이유가 없어요." 나는 그 아이가 세상을 어떻게 바라보는지 더 잘 이해하고 싶어서 파티나 다른 모임에 가면 어떤 기분이 드는지 이야기해달라고 했다. 아이는 말했다. "그냥 기분이 이상해요. 그 자리에 속해 있지 않다고 느껴요. 이상하죠, 다 제 친구들인데. 그 친구들이 절 좋아하고 제가 와서 반가워한다는 것도 알아요. 그런데도 연결된 느낌은 들지 않아요. 전 많은 사람과 함께 있을 때 외롭거나 지루하다고 느껴요. 오히려 친한 친구 한두 명과 있거나 혼자 있을 때는 그런 기분이 안 들고요." 그러곤 답답하다는 듯이 덧붙였다. "이런 말을 하면 제가 무슨 외계인이 된 느낌이라 기분이 좋지 않아요. 저한테 무슨 문제가 있는 걸까요?"

나는 그에게 문제가 있다고는 전혀 생각하지 않았지만 아이에게 자기 스스로 그렇게 느끼는 건 아닌지 물었다. 그러자 그는 어머니가 했던 말을 그대로 따라 하듯 대답했다. "네, 전 정상이 아닌 것 같아요. 왜 저는 친구들이 좋아하는 걸 하나도 안 좋아할까요? 제 친구들 전부가 틀리고 저만 옳을 리는 없잖아요."

나는 그가 그런 식으로 느낀 이유를 어렵지 않게 찾을 수 있었다. 문화와 전통을 막론하고, 십 대들 사이에서는 공통적으로 작용하는 어떤 힘이 있다. 그것은 바로 어울려야 한다는 압박이다. 그렇다면 어울리는 데 관심 없는 아이인 A를 어떻게 이해해야 할까? 그 답은 간단하다. A는 이향인이다.

내 설명을 듣고 A는 한결 마음이 놓인 듯했다. 나는 그에게 이런 식으로 자신을 바라보는 관점에 대해 좀 생각해본 뒤 다시 한번 이야기하러 오라고 권했다. 얼마 후 다시 찾아온 그는 우리가 나눈 대화를 통해 머리가 맑아지는 듯한 통찰을 얻었다고 말했다. 그리고 그 통찰 덕분에 어디에도 속하지 못한다는 감각이 자신이 겪어온 거의 모든 사회적 어려움의 공통 원인이었음을 깨달았다고 했다.

그는 내게 이 내용을 부모님에게도 설명해달라고 요청했고, 나는 그렇게 했다. 그리고 나는 그들에게 A를 '다른 아이들처럼' 만들려고 억지로 몰아붙이지 말라고도 당부했다. 부모는 처음엔 이 사실을 받아들이기 힘들어했다. 주변 사람들은 늘 이렇게 말했다. 파티에 보내고, 여름 캠프도 보내고, 열네 살짜리 남자아이라면 으레 하는 일들을 억지로라도 시키라고 말이다. "나중에 분명히 고마워할 거예요." 그들은 하나같이 단언했다. "아이들은 아직 자기가 뭘 원하는지 몰라요. 그러니 부모가 가르쳐야죠." 하지만 그들의 말은 틀렸다.

오늘날 A는 훌륭히 성장하여 부모의 기쁨이 되었다. 스물네 살이 된 그는 심리학 박사 과정을 밟고 있고, 최근에는 대학 시절 연인과 약혼했으며, 어린 시절의 절친들과도 여전히 가깝게 지낸다. 어떤 면에서 보자면 그는 앞으로도 집단의 관찰자로 남을 것이고 진정한 참여자가 되지는 못할 것이다. 하지만 자기 삶에서 그는 분명 완전한 참여자다. 스스로 선택한 일과 함께하기로 한 사람들 사이에서 온전히 만족하며 살아가기 때문이다. 이것이야말로 이향인이 가야 할 이상적인 길이다.

이향인이 보는 세상

모든 집단에는 명시적이든 암묵적이든 그 안에 속하기 위해 구성원들이 반드시 공유해야 하는 믿음과 규칙이 있다. 공동체 지향인(여기에는 내향인, 외향인, 그리고 소외된 외부인이 모두 포함된다)은 집단에 받아들여지기를 원한다. 그들은 집단이 요구하는 바를 정확히 따름으로써 그 집단의 믿음과 규칙의 타당성을 입증한다. '군집적 사고hive mind'란 이처럼 매우 널리 퍼져 있는 집단 사고를 가리키는 다른 표현이다.

반면 이향인은 집단 사고의 틀 밖에서 생각한다. 그들은 집단 구성원들이 공유하는 시각에 동조하지 않으며, 집단의 핵심 가치가 다른 사람들에게는 강하게 작용하지만 이향인에게는 전혀 영향을 미치지 않는다.

다음에 나오는 그림은 공동체 지향인과 이향인을 구분하는 요소 그리고 그들 각각이 세상을 바라보는 관점을 시각적으로 나타낸 것이다. 공동체 지향인은 모든 사람의 의견이 모이는 원의 중심을 바라본다. 반면 이향인은 그 반대다. 그들은 집단 안에 있을 때도 바깥쪽을 향한다.

공동체 지향인은 언제나 집단의 중심을 향하지만, 그 이유는 제각각이다. 먼저 내향인은 다른 사람들과 깊은 일대일 관계를 맺는 것을 극도로 어려워하고 그들과 정서적으로 가까워질 기회를 피한다. 그래서 대신 공동체적 관계를 택하는데, 여러 사람이 함께 있는 '원' 안에서는 자신에게 지나치게 가까이 다가오려는 사람과 거리를 두기가 더 쉽다는 것을 알기 때문이다. 이런 이유

O: 이향인
C: 공동체 지향인Communal
CO: 공동체 지향적 외부인Communal Outsiders

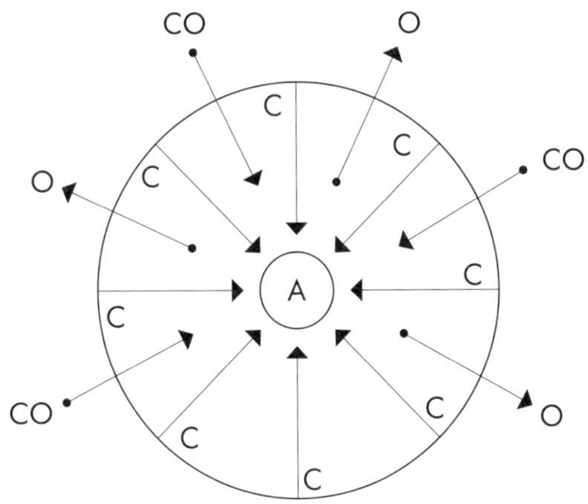

로 집단에 속하는 것(때로는 상당히 적극적으로)이 그들에게는 중요하다. 비록 집단과 어울릴 때 조용하고 수줍은 태도를 보이더라도 말이다. 이들은 사회적 상호작용으로 금세 에너지를 잃기 때문에 집단 활동을 짧게 제한한다. 하지만 자신이 그 집단의 일원이라는 정체성과 소속감만으로도 안정감과 편안함을 얻는다.

외향인은 자신을 지켜봐주는 이들을 좋아하고, '우리'라는 정체성에 동참하여 자신의 존재감이 돋보이는 방식으로 활동하기를 즐긴다. 이러한 성향을 발휘하기 위해서는 집단이 필요하다. 그들은 사람들과 함께 있을 때 에너지를 얻고, 일대일 관계로는 대체로 채워지기 어려운 수준의 활동과 교류를 갈망한다. 사회적 포용에서 비롯되는 보상과 그런 보상을 얻을 만큼 매력적인 사람에게 따라오는 높은 지위를 발판으로 성장한다.

외부인은 집단으로부터 배척당하고 종종 또래들에게도 따돌림 당한다. 이러한 현상은 보통 어른의 감독이 느슨해지는 중학교 시기에 시작되곤 한다. 하지만 그들은 늘 받아들여지기를 바라기 때문에, 자신을 거부하는 사회적 집단을 향해 그만큼 더 강하게 끌리는 경향을 보인다.

이 세 가지 성향은 각각 개인의 정체성보다 우위에 있는 공통의 정체성을 추구한다. 내향인이든 외향인이든 외부인이든, 공동체 지향인은 외롭지만 고유한 자신만의 여정을 포기하면서까지 자신이 혼자가 아니라는 느낌을 주는 공통의 경험을 선택한다.

　　반면 이향인은 원 안에 있을 때도 항상 원 밖을 향한다. 그들은 집단에 기꺼이 받아들여지지만, 집단 구성원들과 같은 경험을 나눈다고 느끼지 못한다. 외부인과 일부 내향인이 사회적 외톨이라면 이향인은 정서적 외톨이다. 즉, 그들은 다른 사람들로 둘러싸여 있을 때 가장 외로움을 느낀다. 그들은 종종 '인기 있는 외톨이'라 불리는데, 이향인은 때때로 이 모순적인 상황을 견디기 어려워한다. 바깥을 향하는 태도 때문에 이향인의 시각은 집단의 관점, 심지어 다른 이향인의 관점과도 점점 더 동떨어진다. 마치 그들과 다른 모든 사람 사이에는 보이지 않지만 절대 넘을 수 없는 경계가 있는 모습이다. 모든 인간의 여정이 본질적으로 그러하듯, 이향인의 여정은 고독하다. 차이가 있다면 대부분의 사람이 애써 무시하려 하거나 무시할 수 있는 그 진실을 이향인은 결코 무시할 수 없다는 점이다.

　　이러한 존재 방식에는 각각 장단점이 있지만 그렇다고 해서 우리가 어떤 유형이 될지 선택할 수는 없다. 왼손잡이가 되기를 선택할 수 없는 것처럼 이향인 성향은 뇌 구조 깊숙한 곳에 새겨진 인지적 특성이다. 이제 우리는 왼손잡이 아이에게 오른손잡이가 되라고 강요하는 일이 잘못된 행동임을 안다(1900년대 초까지 부모와 교사들이 흔히 하던 일이었다). 이와 마찬가지로, 이향인에게 집단에 맞추고 소속되라고 강요하며 그들을 고치려는 시도 또한 부적절하다.

원손잡이들을 있는 그대로 살게 내버려두면 그들은 오른손잡이 위주의 세상에서도 편안하게 잘 살아갈 수 있다. 억지로 오른손을 쓰게 하면 불필요한 불편함과 어려움만 생길 뿐이다. 마찬가지로, 이향인도 본래 모습대로 살 수 있도록 해주면 스스로에 대해 점점 더 편안함을 느낄 것이다. 특히 소속에 대한 압박이 줄어드는 성인기에는 더욱 그렇다. 관심 없는 활동에 참여하라고 악의 없이 압박하는 사람들에게서 벗어나면, 이향인에게 고독은 자유를 누릴 기회가 된다. 타인과 무관한 자기 정체성을 받아들이고, 자기 수용을 꽃피울 기회가 된다. 이 혼자만의 시간을 무엇을 하며 보내는지는 상관없다. 각 이향인의 필요와 욕구에 맞아야 한다는 점이 중요할 뿐이다. 다른 사람의 의견에 휘둘리지 않게 되면 맞춤형 자기 주도적 삶을 살 가능성이 열린다. 그리고 그런 삶이야말로 진정한 만족을 가져다준다.

이향인이 가지는 핵심 특성

이향인의 성격에는 여러 미묘한 면이 있는데, 이에 대해서는 앞으로 나올 장들에서 더 자세히 다룰 예정이다. 여기서는 모든 이향인이 공유하는 기본적인 특성과 그것이 일상생활에서 어떤 식으로 나타나는지에 대해 간단히 살펴보기로 하자.

공동체 지향성이 결여되어 있다

이향인은 태생적으로 참여형 인간이 아니다. 그들은 다음과 같은 특성을 가지고 있다.

- 항상 집단보다는 일대일 만남을 선호한다. 모임에 참석해야 할 때면, 한쪽 구석에 서서 다른 한 사람과 깊이 대화하는 편이다. 절대 이곳저곳 돌아다니며 '적극적 사교 활동'을 하지 않는다.
- 자기 생일 파티를 직접 여는 일은 거의 없으며 단체 축하 행사는 어떤 종류든 대체로 피한다.
- 일을 더 많이 떠맡을지언정, 학교 과제나 직장 업무를 여럿이서 하기보다 혼자 하기를 선호한다.
- 조직된 활동을 싫어하며 단체 여행보다는 낯설고 외진 곳이라도 혼자 여행하는 것을 훨씬 좋아한다.
- 팀을 이뤄서 해야 하는 종목(축구, 야구 등)보다는 개인 경쟁이 가능한 활동(테니스, 골프, 달리기, 하이킹 등)을 선호한다.
- 평범한 상황일지라도, 사람들 사이에서는 긴장을 풀고 본래 모습대로 행동하는 게 힘들다. 어색함 없이 가벼운 대화를 나눌 수는 있지만 쉽게 지루해지며 마트 점원과의 대화나 이웃

과 나누는 인사말처럼 평범한 상호작용조차 속으로는 성가셔
한다.

- 집단 속에서뿐 아니라 엘리베이터나 대기 줄처럼 불특정 다수
와 가벼운 대화가 쉽게 오가는 장소에서도 불편함을 느낀다.

이향인은 오케스트라 단원이 될 수 없는 독주자다. 그들은 지
독히도 독립적이며, 한쪽에 조용히 앉아 있는 것에 만족하고, 상
호 의존이 필요하지도, 그것이 용납되지도 않는다. 작가 러디어드
키플링Rudyard Kipling은 이런 사고방식을 다음과 같이 표현했다. "개
인은 늘 집단에 압도당하지 않으려고 투쟁해야 했(고 지금도 여전
히 그렇)다. 이런 삶을 선택한다면 종종 외로움을 느낄 것이고 때
로는 두려움도 느낄 것이다. 하지만 자기 자신을 온전히 소유할
특권을 얻기 위해서라면 어떤 대가를 치러도 아깝지 않다."

언제나 관찰자일 뿐, 진정한 참여자가 되지 못한다
이향인은 어떤 집단에 속하든 그 구성원이 누구든 상관없이 속
으로는 외부인이라고 느낀다.

- 집단 내 사람들과 따로따로 잘 지내더라도 집단 자체나 집단
이 공유하는 정체성과는 결코 진정한 연결감을 느끼지 못한다.
- 서로 아는 사이라 해도 삶의 다른 영역에 속한 사람들을 한자

리에 섞는 일을 좋아하지 않는다. 예를 들어, 이들은 회사 송년회에 배우자를 데려가는 것을 불편해하는데, 그 상황에서는 배우자가 회사 사람들과 잘 어울리도록 돕는 역할을 자신이 맡아야 하기 때문이다.

- 특정 스포츠팀이나 모교, 자신이 일하는 회사에 애착을 느끼지 않는다. 대부분의 사람에게는 이런 것들이 정체성을 구성하는 요소가 되지만 이향인에게는 그렇지 않다.

이향인은 언제까지나 비참여자로 살아간다. 그저 관찰자로서, 사람들이 서로 어울리며 관계를 맺는 장면을 바라볼 뿐이다. 크루즈 여행을 할 때, 공동체 지향인은 낯선 사람들과 새로운 유대를 맺으며 배가 항구로 돌아올 때쯤에는 친구가 된다. 하지만 이향인은 그 어느 때보다 더 심한 외로움을 느끼며 돌아온다.

위대한 작가이자 실존주의자인 장 폴 사르트르Jean-Paul Sartre 는 이런 감정을 익히 알고 있었고, 그의 첫 소설 《구토》에서 이를 완벽히 표현했다. "이 즐겁고도 합리적인 목소리들 가운데서도 나는 혼자다."

관행을 따르지 않는다

이향인들은 단순히 자기만의 방식대로 사는 게 아니라, 아예 남들과는 완전히 다른 세계에서 살아간다.

- 섞여 들어가기보다 차별화되기를 선호한다.

- 자신이 좋아하는 것을 좋아할 뿐, 대중적 유행에는 관심이 없다. 모두가 극찬하거나 꼭 보려고 하는 영화에도, 대다수가 따라 입는 유행 스타일에도 흥미가 없다(그런 것들이 본래 자기 취향이나 관심사와 맞아떨어지는 경우는 예외다).

- 많은 사람이 모인 자리에서도 자신을 무리와 뚜렷이 구분해주는 역할이나 임무(예를 들어 주최자, 기조연설자, DJ처럼)가 주어졌을 때는 당당히 매력을 발산할 수 있다.

내가 좋아하는 또 다른 이향인 작가 데이비드 포스터 월리스David Foster Wallace는 그의 첫 소설《시스템의 빗자루The Broom of the System》에서 다른 사람들은 즐거워하는 활동들에 대해 이향인들이 느끼는 못마땅함을 완벽하게 표현했다. "요즘의 파티 댄스는 단순히 선정적인 음악에 맞춰 몸부림치는 것이다. 보기엔 바보 같고 실제로 하기에는 견디기 힘들 만큼 민망하다. 우스꽝스럽기 짝이 없는데도 모두가 춤을 추기 때문에, 그 우스꽝스러운 짓을 하고 싶지 않은 사람이 오히려 어울리지 못하고 불편해지고 자의식에 사로잡히게 된다……. 한마디로, 우스꽝스러워진다. 우스꽝스러운 짓을 하고 싶지 않은 사람이 우스꽝스러운 사람이 되는, 카프카의 소설에나 나올 법한 상황이 아닐 수 없다."

이향인은 군집적 사고를 거부한다. 집단이 함께 생각하는 방식으로 사고하지 않고, 집단이 공동으로 중요하게 여기는 것에도 관심이 없다. 그들은 자기 자신이 누구인지 잘 알고 있다.

- 자신의 견해와 신념을 고수한다. 직장에서 어떤 사안에 대해 의견 표명을 요청받으면, 동료들이 내놓은 의견에 좌우되지 않는다.
- 어떻게 살아야 하는지에 대한 조언은 구하지 않지만, 자신의 전문 분야가 아니라고 판단되면 전문가(변호사, 배관공 등)의 조언을 기꺼이 받아들인다.
- 다재다능형이라기보다 전문가형으로, 관심사와 기술의 폭이 좁고 깊다. 예를 들어 나는 내 전문 영역을 벗어난 질문을 받으면 농담 삼아 "그건 내가 서툰 80퍼센트 영역에 속하는 일"이라고 말하곤 한다. 하지만 나머지 20퍼센트에 대해서는 잘하는 수준을 넘어 탁월하다고 자부한다.

버지니아 울프Virginia Woolf의 《자기만의 방》은 페미니즘 문학사의 고전이다. 하지만 나는 이 책을 사회가 모든 구성원에게 강요하는 집단적 이념과 의견에서 완전히 벗어나 일상을 경험한 이향인만이 쓸 수 있었던 작품이라고도 생각한다. 울프는 도전하듯 이렇게 썼다. "원한다면 당신들의 도서관 문을 잠가라. 하지만 내 정신의 자유에는 그 어떤 문도, 자물쇠도, 빗장도 걸어 잠글 수 없다."

　분명하게 말할 수 있는 사실은 '약간 이향적'인 상태란 존재하지 않는다는 것이다. 이향성은 이분법적이다. 당신은 이향인이거나 아니거나 둘 중 하나다. 다시 말해, 당신이 군집적 사고에 동참하느냐 하지 않느냐의 문제다. 소속형 인간은 맹목적 추종자부터 불만을 품은 구성원, 밀려난 사람부터 최고의 자리에 오른 사람까지 다양한 양상을 보인다. 소속형 인간 중, 어떤 이들은 다른 사람과 같아지려고 노력하고, 어떤 이들은 유아론唯我論*에 빠져든다. 반면, 비소속성은 절대적이고 변하지 않는다. 하지만 이향인은 이를 짊어져야 할 짐으로 여기지 않고 오히려 이런 성향에서 여러 이점과 축복을 발견할 수도 있다. 다른 누구도 아닌, 자기 자신으로 살기 시작하기에 너무 늦은 때란 없다.

---

*
세계에 오직 자신만이 실재하며
자신 이외의 모든 것은 시각,
청각 등 감각으로 받아들인
허상에 지나지 않는다고 보는
철학적 관점. ―옮긴이

세상이 이향인을 오해하는 방식

2장

그들은 내향인도, 외톨이도 아닌 '외부인'이다

사람이 갖는 다른 많은 특성들과 달리, 이향성은 반드시 특정 행동 양상으로 드러나지는 않는 인지 방식이다. 또한 본래부터 집단과는 떨어져 있다는 데서 비롯된 감정 반응이기도 하다. 이향인은 내부인처럼 대우받는 외부인이다. 다른 외부인들이 배척당할 때, 그들은 언제나 집단에 쉽게 받아들여지고 환영받는다. 다만 이향인들은 스스로 그 집단에 '속한다'는 느낌을 받지 못하고, 한 번도 그런 적이 없었을 뿐이다. 하지만 그 불편함을 조용히 감추고 있어서 전혀 다른 이유로 이런 특성을 보이는 다른 유형의 사람으로 종종 오해받곤 한다. 다음은 그중 가장 흔한 유형들이다.

내향인

내향인은 수줍음이 많고 은둔 생활을 즐기며 주로 자신의 내면 세계에 몰두한다. 이에 비해 이향인은 다른 사람들을 예민하게 의식하며 타인에게 둘러싸인 상황에서는 자기 내면에서 피난처를 찾지 못한다. 어찌 보면 주변 환경에 지나치게 동조하는 것이 그들의 문제다.

　내 환자 M은 자신이 기억하는 한 줄곧 이런 성향을 지니고 있었지만 세월이 흐를수록 그 성향이 점점 더 부담스럽게 느껴졌다. 그는 만나는 모든 사람의 기분과 상황에 극도로 주의를 기울여야 한다는 부담감에 시달렸다. 아무 관계도 없고 다시 볼 일 없는 사람들에게까지도 말이다. 이런 과도한 예민함은 군집적 사고에 동참하지 못하는 데서 비롯된 것이었다. 그에게 집단 내 개인은 이해하기 쉬웠으나 집단은 늘 풀리지 않는 수수께끼였다. 그는 모든 사람을(특별한 사람들뿐 아니라 평범한 사람들까지도) 흥미롭고 매혹적으로 느꼈으며, 의도하지 않았음에도 주변 인들에 대한 정보를 계속해서 수집했다. 집단 내에 있으면 이러한 생각과 관찰이 마치 끄기 버튼이 고장 난 시계처럼 울려 퍼져 그를 지치게 했다. 하지만 내향인이라면 지칠 만한 일대일 관계에서는 소진되는 느낌을 받지 않았다.

언젠가 그는 학회에서 겪었던 경험을 이렇게 설명한 적이 있다. "서서 어울려야 하는 칵테일 아워cocktail hour* 때는 몹시 불편하지만 자리에 앉아 만찬을 할 때는 훨씬 편합니다." 그는 같은 장소, 같은 사람들인데 왜 그렇게 다른 경험을 하게 되는지 궁금해했다. 나는 그 차이가 서로 다른 사람들과 맺게 되는 잠재적 상호작용의 수에서 비롯된다고 설명해주었다. 테이블에 앉아 있으면 교류가 주변의 서너 명으로 제한되지만, 칵테일 아워에서는 사실상 그곳에 있는 모든 사람에게 노출된다. 사람들이 오가며 인사를 나누고는 자리를 옮기기 때문이다.

대부분의 사람은 칵테일 아워 때 잠시 대화를 나누는 상대에

* 식사 전, 서서 가볍게 술과 안주를 즐기며 사람들과 어울리는 시간. —옮긴이

게 크게 연연하지 않으므로, 한 사람에서 다른 사람으로 넘어가는 일이 자연스럽고 티도 나지 않는다. 하지만 M은 한 사람 한 사람에게 진지한 관심을 보였기에, 그런 찰나의 교류가 고통스럽기까지 했다. 많은 이향인이 그렇듯 그는 짧고 가벼운 관계 맺음과 단절이 쉼 없이 이어지는 상황을 감당할 수 없었다. 다른 사람들과 테이블에 앉아 있는 게 여전히 불편하긴 했어도, 서 있는 것에 비하면 훨씬 견딜 만했다. 하지만 만찬이 끝나고 사람들이 돌아다니며 어울리기 시작하면 불편한 느낌은 다시금 그를 찾아왔다. "그래서 만찬이 끝나면 바로 자리를 떠야 해요." 내가 설명했다. "이향인들은 '아일랜드식 퇴장Irish exit'*의 달인이거든요."

　일부 이향인들은 혼자 있는 시간을 많이 보내며 이런 감정을 피하지만 공개적인 자리에서 그들의 정서적 불편함은 내향인의 행동과 비교할 때 전혀 다른 방식으로 나타난다. 내향인은 뒤로 물러나 눈에 띄지 않으려 하지만, 이향인은 주목받기를 좋아한다. 예를 들어 M은 내성적이거나 수줍은 사람이 아니다. 그는 외향적이고 말을 많이 하며 재미있다. 소규모 모임에 있을 때나 자신을 다른 사람들과 구분 짓는 사회적 역할을 맡았을 때 가장 자연스럽게 빛난다. 규모가 작은 모임에서는 매우 자신감 있고 적극적으로 의견을 낸다(나는 이를 '가짜 외향성'이라고 부른다. 이에 대해서는 4장에서 더 자세히 다룰 것이다). 이향인들은 남들과 자신을 비교하지 않고, 자신이 잘하는 일이 무엇인지 알며, 타인의 인정을 필요로 하지 않는다. 그래서 내향인들이 흔히 그러하듯 겸손하거나 조심스러워 보이기보다는 오히려 잘난 체하는 사람처럼 보이기도 한다. 그들은 혼자만의 시간을 즐기지만, 그 고독은 내향인들처럼 타인으로부터의 분리가 아니라 자기 자신과의 강한 결속에서 나오는 것이다.

비순응자

아무리 철저한 개인주의자라 해도 집단의 일원이 될 수 있다. 비록 그 집단이 각자가 남다르다고 믿는 '개인들의 무리'일지라도, 그들은 결국 공통된 정체성으로 묶인 집단의 일부다. 비순응자들은 순응자들과 마찬가지로 서로 뭉치는 경향이 있다. 하지만 이 향인에게 개인주의는 철학적 입장이거나 선택의 문제가 아니다. 이향인은 태생적으로 개인주의자다. 그들의 비순응은 반항 행위도, 자기표현의 수단도, 관심을 끌기 위한 시도도 아니다. 그것은 그들이 세상을 바라보는 방식을 규정하는 본질적 특성이다.

사회는 인간이 자기 현실을 주변 사람들이 인식하는 방식과 최대한 비슷하게 받아들이도록 강제한다(실제로 '공동의 현실 인식이 아닌 개인적 현실 인식을 갖는 상태'). 그 결과 공동체 지향인은 타인의 영향에 쉽게 휩쓸려 자신이 직접 경험하지 못한 것조차 존재한다고 믿는 경우가 많다. 그뿐만 아니라 그들은 '모든 사람이 알고 있는 것'이라는 믿음을 통해 확신을 얻는다. 실제로 '모든 사람'이 그렇게 생각하는지 일일이 물어보는 것도 아니면서 말이다. 일단 무언가가 규범(또 다른 공동체적 도구)이라고 여겨지면, 공동체 지향인인 대부분의 사람은 별다른 의문이나 검증 없이 이를 받아들이고 나중에 다시 검토하지 않는다. 비순응자들도 이런 방식에서 벗어나지 못한다. 어쨌든 규범을 거스르거나 전복하려면 먼저 그 규범이 존재한다고 믿어야 하기 때문이다. 하지만 이향인은 애초에 규범의 존재 자체를 인정하지 않는다.

인터넷의 등장은 순응주의를 더 효과적이고 정교하게 강화했다. 이는 초고속 정보 통신망이 낳은 의도치 않은 결과 중 하나다. 소셜미디어는 단지 사상과 유행을 빠르고 광범위하게 퍼뜨리는 데 그치지 않고, 그 정보의 유통이 집단 심리에 의해 좌우되도록 설계되어 있다. 알고리즘은 조회 수를 기준으로 움직인다. 다시 말해 어떤 뉴스 기사나 소셜미디어 게시물, 상품 추천을 본 사람이나 반응한 사람이 많을수록 다른 사람들도 그것을 보고 반응할 가능성이 커진다는 뜻이다. 그 결과 공동체적 도구의 전형인 '인플루언서'가 탄생하게 되었는데, 그들의 성공은 순환 논리에 기초한다. 사람들은 그들이 인플루언서이기 때문에 그들의 제안을 받아들이고, 많은 사람이 그들의 제안을 받아들였기 때문에 그들은 인플루언서로 불린다. 인터넷 세상에서는 다른 이들을 자기 의견에 동조하도록 만들기 위해 꼭 전문가일 필요도, 심지어 전문가인 척할 필요도 없다. 유일한 조건은 '좋아요'와 팔로워 수로 나타나는 인기도다. 그리고 인기는 합의에 따라 커진다. 같은 이유로, 합의가 효율적이고 설득력 있게 지배하는 가상 세계에서는 어떠한 이견도 관심을 끌지 못한다.

이향인은 이런 현상 혹은 그 어떤 종류의 사회적 영향에도 휘둘리지 않는다. 그들의 인식과 선호는 집단적 합의가 아닌 개인적 관심사와 관점에 따라 결정된다. 이향인들에게 그들만의 견해를 포기하라고 강요하는 것은 불가능한 일이다. 모두가 그것을 장미라고 본다면, 장미는 장미일 수 있다. 하지만 장미에 대한 관념, 즉 그 해석은 이향인에게 전혀 다르게 받아들여질 수 있다. 다수의 해석과 다르더라도 자기 해석을 강제로 버릴 수 없는 사람이 바로 이향인이다.

깃발을 예로 들어보자. 공동체 지향인들에게 깃발은 그것과 자신을 동일시하는 사람들을 하나로 묶어주는 상징으로서 특별한 가치를 지닌다. 하지만 이향인에게 깃발은 단지 천 조각일 뿐이다. 한 이향인(그녀를 T라고 하겠다)은 고등학교 마지막 해를 이렇게 회상한다. 반 친구들이 제각각 대학에 합격하고 입학 등록을 하면서 대학교 이름이 적힌 스티커들이 하나둘씩 그들의 자동차 범퍼에 붙기 시작했다. T의 반 친구들에게 그 범퍼 스티

커는 자신들의 미래 계획을 알리는 동시에 입학 예정인 대학 공동체에 속한다는 선언이었다. 하지만 합격 통지서와 함께 같은 스티커를 받은 T에게 그것은 한쪽 면에 접착제가 발린 종잇조각에 불과했다. 그녀는 남들과 달라지려고 그 스티커를 쓰레기통에 버린 것이 아니었다. 단지 그걸 자신의 자동차에 붙일 이유를 찾지 못했을 뿐이다. 이향인들도 다른 모든 사람과 똑같은 장면을 본다. 하지만 그 장면에 공동체적 의미나 해석을 덧붙이지는 않는다.

관습에 얽매이지 않고 집단적 통념에서 벗어나 있다는 사실은 이향인에게 짜릿한 자유와 자율성을 안겨준다. 그들은 세상에 대한 이해를 집단의 틀에 맞춰 형성하기보다 자신이 원하는 대로 그 이해를 만들고 다시 바꿀 수 있다. 반면 이런 형태의 자유는 많은 공동체 지향인들 입장에서는 매우 두렵게 느끼지는 일이다.

사회적 불안을 가진 사람

DC라는 환자는 수년간 불안을 겪은 끝에 나를 찾아왔다. 그녀는 과거에 사회 불안 장애로 진단받고 치료를 받았지만, 증세는 전혀 호전되지 않았다.

그녀는 자신의 상태를 "한마디로 밖에서는 불안, 집에서는 평온"이라고 표현했다. 사람이 많은 곳에 있으면 압도당하는 느낌이 들고 불안이 몰려와 꼼짝 못하는 상태가 되며, 필사적으로 집으로 도망치고 싶다는 생각만 들었다. 친한 친구들과 함께 있을 때조차 세상 밖에 나와 있다는 스트레스는 사라지지 않았다. 그녀는 이렇게 설명했다. "이상하게도 친구들마저 그냥 군중의 일부가 되어버려요. 그러면 저는 더 외롭고 길을 잃은 기분이 들죠. 그들이 제 마음을 이해하고 도우려고 애쓸수록 기분은 더 나빠지고요."

보통 친한 친구들과 공공장소에서 함께 있으면 사회적 불안이 줄어든다. 그들에게 느끼는 친숙함이 낯선 상황에 대한 두려움을 완화해주기 때문이다. 하지만 DC에게는 그렇지 않았다. 나는 그녀에게 집 밖이나 공공장소에서 불안을 느끼지 않는 구체적인 상황들을 말해달라고 요청했다. 그녀는 차 안에 있을 때와 야외 카페나 식당에 앉아 있을 때라고 답했다. 그리고 나서 영화관에서는 맨 뒷줄에 앉을 때만 마음이 편하다고 덧붙였다. 버스나 기차에서도 마찬가지였다. "사람들이 뒤에서 저를 보는 게 싫어요. 그래서 제일 뒤쪽에 앉으면 버스 안이 아무리 붐벼도 불안이 덜해요."

다음으로 우리는 그녀의 직장 생활로 화제를 옮겼다. 그녀는 맨해튼 미드타운의 거대한 사무용 건물에서 일하고 있었다.

그렇게 많은 사람들 사이에서 일하는 게 무척 힘들 것 같다고 내가 말하자, 그녀는 다른 건물을 방문할 때는 불편함을 느끼지만 자기 사무실에서는 괜찮다고 답했다. 분명 그녀가 공공장소에서 불안을 느끼지 않는 여러 상황이 있었기에, 나는 그런 상황들을 따로 모아 공통점이 있는지 살펴보라고 했다. 그녀는 그런 관점에서 생각해본 적이 없었다. "그동안은 불안이 하나로 크게 뭉쳐 있어서 뭐가 뭔지 몰랐어요!" 그녀가 말했다. "그런데 이제 생각해보니, 왜 같은 카페에서도 실내보다는 실외, 심지어 번잡한 길가에 앉는 게 더 편한지 모르겠어요. 똑같이 붐비고 시끄러운데 말이에요." 그녀는 잠시 말을 멈췄다가 덧붙였다. "혹시 저한테 폐소공포증도 있는 게 아닐까요?" 그러고는 피식 웃으며 말했다. "생각보다 제가 더 이상한 사람인가 보네요!"

나는 다른 가능성을 제시했다. 두 상태의 차이는 그녀가 같은 공간을 공유하는 사람들과 맺는 '관계'에 있어 보였다. 불편해지는 순간들, 이를테면 마트에서 대여섯 명이 뒤에 줄을 서 있을 때 그녀는 무리에 '참여'하도록 강요받고 있었다. 하지만 다른 상황들, 이를테면 차 안이나 야외 카페에 혼자 앉아 있을 때는 집단의 일원이 아니라 그저 바깥에서 지켜보는 관찰자였다. 극장이나 붐비는 버스에서도 맨 뒤에 앉으면 관찰자의 시야를 가질 수 있었다. 그녀는 공간의 분위기를 읽어 그 안에서 자기 자리를 찾아야 편안해졌다.

그녀의 불안을 유발하는 상황들을 이향인의 관점에서 분석하자, 예전의 치료들이 효과가 없었던 이유가 분명해졌다. 그 치료는 사회적 불안을 겪는 소속형 인간을 위해 고안된 방식이었기 때문이다. 소속형 인간이 느끼는 불편함은 소속감 부족에서 오는 게 아니라 다른 사람들이 '정상'이라고 여기는 것에서 벗어났다는 자의식에 뿌리를 두고 있다. 그러나 이향인은 사회 공포증 환자가 아니라서 이런 사회 공포를 완화하는 전략들이 전혀 도움이 되지 않는다.

상담을 이어가면서 DC는 자신이 남들과 달라 보이는 것에 대해 불편함을 느끼지 않았다는 사실을 깨달았다. 또한 자신의 불안을 해결하는 방법이 군중 속에 더 편안히 섞이는 법을 배우는 데 있지 않다는 점도 알게 되었다. 이향인에게 비소속성은 자연스러운 상태며 교정해야 할 문제가 아니다. 이향인의 목표는 소속되는 법을 배우는 것이 아니라 자신의 진정한 강점과 한계를 이해하고, 그를 통해 자기 자신에 대한 예리한 통찰을 기르는 것이어야 한다. 이런 작업을 거쳐 DC는 자신에게 더 잘 맞는 선택을 하게 되었고, 그 덕분에 곧바로 어려움에서 벗어날 수 있었다.

밀려나거나 배제된 사람

사회적으로 주변화된* 사람은 집단에 속하길 원하지만 밀려나고 배제되거나, 아니면 애초에 받아들여지지 않은 사람이다. 하지만 이향인은 자신의 의지와 관계없이 집단에서 쫓겨난 존재가 아니다. 그들은 처음부터 그곳에 속한 적이 없다.

겉보기에 이향인은 집단의 일원처럼 보일 수 있다. 특히 인생의 초기 몇십 년간은 더욱 그렇다. 인기가 많고 사람들의 사랑도 받으며 심지어 리더로 인정받기도 한다. 사회적 지위만 놓고 보면 성공한 내부인처럼 보일 수 있지만 그들은 항상 자신을 외부인처럼 느낀다. 바꿔 말하면, 이향인이 느끼는 비소속성은 실제 사회적 지위와 무관하다. 인기 없는 내부인들과 달리, 그들은 괴롭힘이나 따돌림을 당하거나 모임에서 배제되는 일이 없다. 하지만 겉으로는 내부인처럼 보이고 행동하면서도 속으로는 외부인처럼 느끼는 이 불일치 때문에 피로감을 느낀다. 결국 그들은 집단에서 한 발 뒤로 물러나 일대일 관계를 더 선호하게 되고 불필요한 사회적 의무는 점점 피하게 된다. 그들은 집단의 역학 관계에 얽매이지 않는 안전지대를 만들고, 스스로 설정한 사회적 한계선으로 에너지 소모를 막는다.

*
어떤 사회나 집단에 속해
있으면서도 그 속에 동화되지
못하고 겉돌게 되는 현상.
—옮긴이

낯선 사람들 사이에서 사회적 안정감을 유지하려면 행동의 예측 가능성이 중요하다. 우리는 사회적으로 규정된 예측 가능한 규칙을 따르면서 의식적으로든 무의식적으로든 끊임없이 자신이 믿을 만한 사람임을 남에게 확인시키려 하고, 상대방에게도 같은 방식으로 반응한다.

신경다양인Neurodivergent[*]은 신경전형인neurotypical과 비교했을 때만 다르게 보인다. 신경전형인의 집단의식 기준으로 볼 때, 그들의 행동은 예측 불가능하게 느껴지기 때문이다. 특히 자폐 스펙트럼이 있는 사람들이 여기에 해당한다. 이들은 신경전형인들이 자연스럽게 받아들이는 사회적 규칙들을 잘 따르지 못하는 여러 인지적 특성을 가진다. 이를테면 다음과 같은 것들이다.

- 사회적 신호를 이해하고 일반적인 사회적 상호작용에 참여하는 것이 어렵다.
- 언어적·비언어적 의사소통에 문제를 겪는다.
- 반복적 행동을 보이고 특정 분야에 매우 집중한다.
- 특정 소리나 촉감에 불편하게 반응하는 감각이 예민하다.

이향인은 이런 인지적 특수성을 전혀 보이지 않는다. 또한

---

[*] 자폐, ADHD, 학습장애 등 뇌신경 차이를 '장애'가 아닌 자연스러운 다양성으로 보는 관점. —옮긴이

ADHD와 관련된 특징도 나타나지 않는데, ADHD란 본질적으로 지금 해야 할 일에 주의를 집중하는 것과 주의를 빼앗는 외부 자극을 억제하는 것 사이의 균형이 제대로 이루어지지 않는 상태를 말한다. ADHD가 있는 사람들은 자신이 인식하는 여러 자극 중 딱 한 가지에만 집중하기를 매우 어려워한다. 어떤 경우에는 대화 상대가 하는 말에 집중할 수 없고, 건망증이 심하며, 시종일관 산만하고 안절부절못하는 모습을 보이기도 한다. 이러한 신경인지적 증상들은 흔히 '잘못된 행동'으로 여겨지는데, 이런 이유로 ADHD 아동이나 청소년들은 종종 집단에서 배척당한다. 하지만 ADHD가 있는 사람은 근본적으로 공동체 지향인으로, 자신의 주의 산만함과 그로 인한 방해를 스스로 인식하고 집단의 일원이 되기 위해 지켜야 할 규칙들을 따르려고 노력한다.

이향인은 신경전형인이다. 그들의 뇌는 공동체 지향인과 다르지 않게 기능하며, 행동 면에서도 신경전형인과 뚜렷한 차이를 보이지 않는다. 앞서 말했듯, 비소속성은 철저히 그들의 마음속에서 비롯된 것이다. ADHD가 있는 사람들과 달리, 이향인은 집중력이나 주의력에도 문제가 없다. 오히려 평균 이상의 주의력을 보이는 경우가 많다. 이향인은 배려심이 많고 갈등을 피하면서 다른 사람 눈에 예측 가능한 사람으로 보이기 위해 부단히 애쓴다. 설령 그것이 종종 자신에게 큰 부담이 되더라도 말이다. 이런 이유로 이향인은 신경다양인에게 흔히 쏟아지는 부정적 반응을 불러일으키지 않는다.

어울리기를 당연시하는 세상에서 자발적으로 혼자 있기를 선택하는 일은 분명 쉽지 않다. 하지만 그것이 이향인이 원하는 일을 해나가는 데 방해가 되지는 않는다. 오히려 이향인에게는 가장 큰 선물이 될 수도 있다.

온순한 저항가

3장

예의 바르지만 규칙을 인정하지는 않는다

혁명가, 그러니까 통상적인 사회 구조의 한계를 넘어 생각하는 사람들을 떠올릴 때, 우리는 보통 기존 질서를 뒤엎고 역사의 흐름을 바꾼 강인하고 힘 있는 인물을 생각하곤 한다. 누군가는 카를 마르크스, 블라디미르 레닌, 시몬 볼리바르Simón Bolívar* 같은 인물들을 곧장 떠올릴 테고, 누군가는 아돌프 히틀러, 마오쩌둥, 이오시프 스탈린 같은 악명 높은 독재자들을 떠올리기도 할 것이다. 이들 모두의 공통점은 그들의 반란이 언제나 다른 사람들을 불러 모으는 과정을 수반했다는 것이다. 한쪽에는 지지자, 협력자, 방관자들이 모였고, 다른 한쪽에는 반대자들이 모였다. 은밀한 소규모 봉기였든 민심의 들끓음이었든, 그것은 늘 '집단'과 함께한 경험이었다.

이향인들 역시 기존의 틀을 벗어나 사고한다. 하지만 그들의 혁명적 발상은 모두 자기 안에만 머무는 사적인 것이다. 이런 이유로 나는 이향인을 '온순한 저항가'라고 부른다. 온순한 저항은 대체로 공유되지도 폭력적이지도 심지어 눈에 띄지도 않는다. 하지만 이향인 개인에게는 분명한 목적이 된다. 그것은 어디에도 속하지 못하는 사람이 공동체적 세상에서 살아가며 보이는 나름의 반응이라 할 수 있다.

온순한 저항가를 만나는 일은 언제나 유쾌한 경험이다. 그들은 천성적으로 무척 예의 바르고 다른 사람들을 기쁘게 해주려는 성향이 있다. 대립을 꺼리고 종종 지나칠 정도로 배려심이 깊

---

*
남미 여러 나라의 독립 전쟁을
이끈 베네수엘라의 혁명가이자
정치 지도자. ─옮긴이

다. 그들의 독특하거나 일반 상식에 어긋난 생각이 주변 사람들에게 불편함을 줄 수도 있지만, 그런 생각을 굳이 표현하지 않으려는 태도 덕분에 분위기가 흐트러지지 않는다. 상대방에 맞춰주려 애쓰고 방해가 되지 않으려 조심하며 타인의 영역을 침범하는 일을 극도로 불편해하는 그들은 때론 나약하거나 자신을 과도하게 낮추는 사람으로 오해받기도 한다.

하지만 겉으로는 유순하고 약해 보일지 몰라도 사실 이런 태도는 생존 전략의 일환이다. 이향인은 다수의 합의가 도저히 받아들일 수 없거나 잘못되었다고 생각할 때조차 신중히 행동한다. 의문 제기나 반대가 사회적 조화를 깨뜨릴 것을 잘 알고 있기 때문이다. 이를테면, 이들은 정치 집회에 참석하거나 회사 정책에 항의하는 파업에 참여하지 않는다. 아니면 특정 스포츠팀 팬들 사이에 라이벌팀 유니폼을 입고 들어가는 일 따위는 하지 않는다(적어도 자발적으로는 말이다). 선장이 배를 잘못된 방향으로 몰고 가고 있다고 생각해도 굳이 소란을 피워 배를 흔들려 하지 않는다.

이는 부분적으로 집단 속에서 본모습을 드러내는 것이 이향인들에게 몹시 위험한 일이기 때문이다. 그렇게 하면 주변 사람들과 자신이 다르다는 점이 눈에 띌 수 있다. 집단의 공통분모에 맞춰 행동하려는 본능이 없는 이향인은, 암묵적인 상호작용의 규칙을 세심히 관찰하고 익혀서 따라 하는 연습을 해야 한다.

내면의 저항과 비순응주의를 감추기 위한 일종의 위장술인 셈이다. 온순한 저항가는 차례를 지키고 파란불을 기다리며 상황에 맞는 말을 한다. 그들은 본능적으로 그렇게 하지 않고 주변 사람들이 어떻게 행동하는지를 세심히 관찰하며 하나하나 배워서 그렇게 행동한다. 다시 말해 겉으로는 규칙들을 철저히 지키지만 마음속으로는 그것을 전혀 인정하지 않는다.

이향인은 고의로 체제를 뒤엎으려는 사람이 아니다. 하지만 순응 압력에서 완전히 자유로운 그들의 사고방식은 때때로 체제를 뒤흔들 수 있는 사상으로 이어져, 대중 혹은 역사의 흐름에까지 영향을 미치기도 한다. 우주에 대한 인식을 바꿔놓은 갈리레오 갈릴레이가 그 대표적인 예다. 그는 실험과 관찰 끝에 지구가 태양 주위를 돈다는 사실을 깨달았고, 그 결과 지구가 만물의 중심이라는 기존 통념에 도전하는 것을 용납하지 않던 가톨릭 교회의 분노에 직면했다. 죽음의 위협 앞에서 그는 재빨리 자신의 주장을 철회했지만 내면의 반항을 멈추지 않았다. 자신이 옳다는 확신이 있었기 때문이었다. 물론 결국 그의 주장이 옳았음이 증명되었다.

이런 내적 저항심은 의식이나 명절 같은 집단 전통에까지 이어진다. 종교 전통이든 국가 행사든 지역 공동체의 의례든, 이런 공동체의 전통과 의식들은 이향인들에게 좀처럼 강한 울림을 주지 못한다. 그들은 이런 전통들이 가진 사회적 맥락 속에서 자신의 자리를 찾는 데 어려움을 겪는다. 생일, 기념일, 졸업식처럼 일반적으로 축하할 일이라고 여겨지는 인생의 중요한 순간들조차 이향인에게는 근거 없이 느껴진다.

대신 이향인들은 자신만의 습관과 전통에 의지한다. 공유된 의식보다 개인적인 의례를 선호하는 이런 성향 덕분에 종교 예배나 동창회, 새해 전야 축제 같은 불필요한 (그리고 불편한) 사회적 의무에서 벗어날 수 있다. 하지만 동시에 이런 습관과 일상에 대해 융통성 없고 고집스러워지기도 한다.

이향인은 자신의 습관과 전통을 고집하기에 모험심이 부족하고 즉흥적으로 자유분방하게 행동하지 못한다. 또 익숙한 안전지대에서 벗어나야 할 때는 불안을 느끼거나 위축되기 쉽다. 사고의 영역에서는 과감히 미지의 아이디어를 탐구하지만 실제 삶의 경험 측면에서는 그런 모험심이 전혀 나타나지 않는다. 이는 전적으로 그들의 선택이다. 이향인에게 자유란 물리적 경험이 아닌 내적 경험이기 때문이다. 그들은 흥분보다는 마음의 평화를, 실험과 위험 감수보다는 자기 통제를 중시한다. 아무리 평범하고 일상적인 상황이라도 통제력을 잃는 것은 자율성에 대한 위협이 된다.

내가 진료했던 한 환자는 일상에서 사소하고 의미 없는 사실들, 예컨대 점심으로 무엇을 먹었는지, 어디에서 먹었는지 같은 정보를 일부러 모호하게 말하거나 감추는 게 자신이 가장 좋아하는 내적 저항 행위 중 하나라고 설명했다. 그는 "하찮고 무해한 거짓말로 내가 소외감을 느끼는 사람들에게 조용히 한 방 먹이는 거예요"라고 말하며, 이런 작은 거짓말을 "이향인식 공격 행위"라고 불렀다. 집단에 대한 은밀한 불복종은 이향인에게 통쾌한 자유로움을 선사한다. 이는 원치 않는 갈등을 만들거나 불필요한 관심을 끌지 않으면서도 그들의 내면 세계, 즉 삶에서 가장 중요한 영역을 지키는 방법이다.

겉으로 온순해 보이는 이 성향 자체는 문제가 되지 않는다. 하지만 이향인 아이가 온순함을 약점이나 성격적 결함으로 여기는 가정에서 자란다면 문제가 될 수 있다. 그런 가정이나 환경에서 이향인(특히 남자아이들)은 정신력을 기르거나 '인격 형성'에 도움이 된다고 여겨지는 활동들에 종종 억지로 참여하게 된다. 안타깝게도 이향인들을 안전지대 밖으로 밀어내려 하는 이같은 시도는 좋은 의도와 달리 그들을 정서적으로 힘들게 하는 상황으로 몰아넣는 경우가 많다. 부모와 교사, 또래들이 그들을 다른 아이들처럼 만들겠다며 '고쳐보려고' 할수록 이향인 아이들은 더욱 불편함을 느끼고 정서적으로 지쳐가며 패배감에 빠지지 쉽다. 결국 겉으로 보이는 온순함이 내적 저항심을 점차 압도하고, 타인은 이해할 수 없는 그들만의 존재 방식을 박탈당하면서 학습된 무기력이 자리 잡는다. 그 결과 어떤 이들은 정신과 치료에 의존하거나 의미 있는 인간관계를 맺을 기회를 잃은 채 고립된 삶 속으로 숨어들기도 한다.

정신과 레지던트 1년 차 때, 나는 열여덟 살 된 한 남성을 담당하게 되었다. 그는 조현병 진단을 받고 십 대 시절 대부분을 병원의 주간 정신 치료 프로그램에서 보낸 환자였다. 나는 E가 다루기 힘들고 내성적이며 눈 맞춤을 유지하기 어려워한다는 이야기를 들었다. 하지만 일대일로 만났을 때는 표현력이 매우 풍부하고 섬세했으며 망상이나 환각, 기타 정신병적 증상을 전혀 보이지 않았다. 처음에는 그가 복용 중인 고용량 약물 때문에 증상을 보이지 않는다고 생각했다. 게다가 그는 시를 썼고 책을 많이 읽었으며 옷을 단정히 차려입기도 했다. 이런 모습은 자기 관리를 소홀히 하고 표정이나 목소리가 단조로우며 감정을 드러내지 않는 전형적인 조현병의 양상과는 전혀 맞지 않았다. 그런데도 경험 많은 의료진들은 모두 그에게 내려진 조현병 진단에 대해 의심의 여지가 없다고 생각했다. 당시 새내기 정신과 의사였던 나는 그에게서 조현병 증상을 찾아내지 못한 것을 나의 경험이나 능력 부족 때문이라고 여겼다. 그는 분명 내가 아직 접하지 못한 '또 다른 유형'의 조현병을 앓고 있을 거라고 짐작했다.

우리는 병원의 통상적 절차에 따라 매일 만났고, 곧 친근한 관계가 형성되었다. 우리는 공상과학 소설과 그 밖의 공동 관심사에 관해 이야기했고, E는 늘 적극적이고 자발적이며 총명한 모습을 보였다. 더 자세한 배경을 알기 위해 그의 부모와 이야기해

보니, 그들은 외아들에게 내려진 심각한 진단으로 두렵고 가슴 아파하고 있었다. 나는 그 심정이 충분히 이해되었다. 이어서 어떻게 아들에게 이상이 있음을 발견하게 되었는지 물었다. 그러자 그들은 E가 늘 친절하고 온순한 아이였고 학교 성적도 우수했지만, 최근 몇 년간 걱정스러울 정도로 "고립되는" 모습을 보였다고 답했다. 친구가 몇 명 있긴 했지만 그 친구들과는 부모가 이해할 수 없는 이유로 개별적으로만 시간을 보내려 했고, 대부분의 십 대 남자아이처럼 여자아이들 앞에서는 어색해했다. 반 친구들은 그를 조금 "이상하게" 여겼지만 그는 개의치 않는 듯했다. 자기 방에 틀어박혀 모형 비행기를 만들거나 라디오와 전자기기를 만지작거리며 지내는 것만으로도 행복해했다. 그는 혼자 있는 것에 대해 조금도 불편해하는 기색이 없었다. E의 학교 상담사는 자폐 가능성도 언급했지만 그는 그런 증상들도 보이지 않았다. 무엇이 문제인 것 같은지 설명해달라고 했을 때, E가 상담사에게 할 수 있었던 말은 다른 사람들로부터 "동떨어진 느낌"이 든다는 것뿐이었다. 달리 거론된 가설이 없는 상황에서 의사들이 조현병이라는 진단을 내리자, 그의 부모는 이를 한 치도 의심하지 않았다.

몇 주가 지나면서 나는 그의 조현병 진단에 더 의문을 품게 되었다. 마침내 나는 향정신성 약물 투약량을 점차 줄이며 E에게서 정신병적 증상이 나타나는지 주의 깊게 관찰하기로 했다. 그런 증상은 전혀 나타나지 않았다. 오히려 약물 부작용이 사라지자 E는 사람들 앞에서 훨씬 활기를 띠었고 기분도 눈에 띄게 밝아졌다. 나는 그의 조현병 진단이 잘못되었다고 확신했지만 그의 상태를 뭐라고 불러야 할지 알 수 없었다. 내 눈에 그는 그저 또래들에게서 떨어져 혼자 지낼 시간이 상당히 많이 필요했던, 다정하고 온순한 청년이었다.

2년 뒤, 나는 수련을 마치고 병원을 떠났다. E와 나는 그 이후로도 한동안 연락을 주고받았다. 그는 퇴원한 뒤 지적 장애인들을 돕는 센터에서 자원봉사를 시작했다. 그 일을 자신의 소명으로 여길 정도로 깊이 빠져들어 상담학을 공부했으며 마침내 그 기관 원장이 되었다. 그는 약을 먹지 않았고 다시 입원한 적도 없었다. 다만 풍요로운 개인적 삶을 구축하는 데에는 어려움을 겪었다.

이제 와 생각해보면, 그와 함께했던 시간 동안 혹은 그 직후라도 그가 겪고 있던 어려움의 본질을 온전히 이해했더라면 좋았을 것 같다. 그랬다면 그의 앞날에 대해 훨씬 더 건설적이고 낙관적인 전망을 제시해줄 수 있었을 텐데 말이다. 그리고 이향인으로 살아간다는 것이 결코 자신의 가능성을 실현시키는 데 걸림돌이 아니라는 확신도 함께 건넬 수 있었을 텐데 하는 아쉬움이 남는다.

가짜 외향인

4장

모두가 함께 모인 자리가
그들에게 지옥인 이유

우리는 모두 외향인에 대해 잘 알고 있다. 그들은 항상 파티의 중심 인물이고 누구와도 두루 친하며 어떤 상황에서도 능숙하게 대화를 풀어내는 사람들이다.

다 그렇지는 않지만 많은 이향인이 '가짜 외향인'에 속한다. 이들은 사람들 속에 있을 때 불편함을 느끼지만 그것은 수줍음 많거나 내향적인 사람들이 느끼는 불편함과는 종류가 다르다. 말을 더듬거나 주목받지 않으려 애쓰는 식이 아니다. 피서객이 몰려드는 해변, 사람들로 가득 찬 경기장, 붐비는 거리처럼 낯선 사람들이 많이 모이는 대규모 공공장소에서는 쉽게 불편함을 느끼고 어색해하며 위축되기도 한다. 하지만 규모가 작고 친숙한 환경에서는 상당히 매력적으로 사교성을 발휘할 수 있다.

그들은 가벼운 잡담에는 선뜻 끼어들지 않고 대중문화에 무심한 태도도 잘 숨기지 못한다. 하지만 재미있는 이야기나 농담을 할 기회가 주어지거나 공감하며 들어줄 상황이 갖춰지면, 따뜻하고 사교적인 모습을 보이며 진지한 대화도 잘 이끌어간다. 하지만 자신과 타인 사이의 경계는 여전히 남겨둔다. 이향인은 본디 고독을 즐기는 존재로, 공개석상에서 취하는 친화적인 태도는 대개 내면 세계를 철저히 지켜내기 위한 보호 장치다.

속으로는 지극히 내향적 성향을 지녔으면서도 겉으로는 활발한 사교가처럼 행동하는 것은 이향인에게 상당히 큰 부담으로 작용한다. 특히 삶의 초반부에는 더욱 그렇다. 다행히 이런 가짜 외향성은 보통 청년기를 넘어서까지 지속되지는 않는데, 나이가 들수록 자신을 불편하게 만드는 상황을 한결 수월하게 피할 수 있기 때문이다. 성인이 되면 어렸을 때처럼 여럿이 몰려다니며 어울리기보다 좀 더 형식과 목적이 있는 만남, 이를테면 소규모 저녁 파티나 일대일로 커피를 마시는 자리가 생기기 마련이다. 정해진 틀이 없던 고등학교와 대학교 시절의 사교 활동과 달리 '성인'이 되어서 갖는 모임은 대부분 뚜렷한 목적이 있고 시작하는 시간과 끝나는 시간이 정해져 있다. 또한 직장에서는 학교와 달리 일대일로 친분을 쌓고, 좀 더 짜임새 있는 교제를 하며(예를 들어 동료와 점심 약속 잡기), 그룹 프로젝트보다는 개인 업무 중심의 경력을 선택할 기회가 많다.

한 이향인은 대학교 신입생 때를 회상하며 기숙사 학생들이 늘 방문을 열어둔 채 서로의 방을 수시로 드나들고, 휴게실이나 잔디밭에서 모였다 흩어졌다 하는 분위기를 도저히 견딜 수 없었다고 말했다. 그녀는 몇몇 동기들과는 개인적으로 친해지고 싶었지만 끊임없이 함께 어울리는 것에는 전혀 흥미를 느끼지 못했다. 매번 초대받았고 심지어 적극적으로 함께하자는 권유까지 받았음에도 말이다. 그녀는 미리 일정을 알고 있으면 학교 행사나 파티에 참석할 수 있었지만 즉흥적으로 그냥 어울려 노는(즉 아무 체계나 목적 없이) 활동은 낯설고 혼란스럽기만 했다. 그녀의 표현을 빌리자면 그것은 "대놓고 지루하기 짝이 없는" 일이었다.

이는 이향인들에게 흔한 일이다. 다른 사람들이 하는 일에 실제로 참여하고 싶은 마음은 없지만 사회적 압력과 집단의 끌어당김에 가장 취약한 청소년기와 초기 성인기에는 이향인들도 그런 일들을 '하고 싶어하는 마음'을 가지고 싶어한다. 즉, 단순히 어떤 것에 대한 욕구가 아닌, 그러한 욕구 자체를 갖고 싶어하는 것want to want이다.

집단에 섞여 들어가야 한다는 사회적 강요는 특히 십 대와 청년기에 강력하게 작용한다. 하지만 여기에는 한 가지 예외가 있다. 이향인들이 팀 대표, 진행자, 코치, 발표자 같은 '사회적 역할'을 맡게 될 때, 그들은 큰 집단 속에서도 종종 빛을 발한다. 이것이 특별한 존재로 인정받고자 하는 자기애적 욕구처럼 보일 수도 있다. 하지만 사실 이향인은 특정한 역할을 맡게 됐을 때 자연스럽게 다른 사람들과 거리감을 유지하고 선을 그을 수 있어서 그런 행동을 하는 것이다. 그래야 집단 활동 참여가 견딜 만해지기 때문이다. 꼭 지위가 높은 역할일 필요는 없고 단지 다른 사람들과 뚜렷이 구분되는 역할이면 된다. 일례로, 내가 아는 한 십 대 소년은 무례하게 굴고 싶지 않아서 친구들의 파티에 꼭 참석하지만 군중 속에 섞이지 않기 위해 항상 DJ 역할을 맡는다.

이 대목에서 앞서 등장했던 내 환자 DC를 다시 떠올려보자. 그녀는 "밖에서는 불안하지만 집에서는 평온한" 이향인이었고,

관찰자로서 세상을 살아갈 때 가장 편안하다고 느꼈다. 나는 이 특성을 발견하고 나서 그녀에게 공개적으로 말하는 일이 힘들지는 않은지 물었다. 대중 연설은 개인에게 스포트라이트가 집중되는 역할(관찰자와는 정반대)로, 이향인이 아니더라도 많은 사람이 어려워하는 일이기 때문이다.

"전혀 그렇지 않아요!" 그녀는 다른 이들이 힘들어하는 상황이 자신에게는 전혀 부담스럽지 않다는 사실에 만족스러워하며 대답했다. "저는 발표하기를 좋아해요. 무대 공포증도 없고요." 연설을 마친 뒤 보통 무엇을 하느냐고 묻자 그녀는 전형적인 이향인의 대답을 내놓았다. "보통 화장실로 직행한 다음 제 공간으로 몰래 돌아가요. 칵테일 파티에서 나누는 잡담은 도저히 못 견디겠거든요." 하지만 모든 성격 유형의 사람들에게 공포를 불러일으키는 것으로 악명 높은 대중 연설 자체는 그녀에게 전혀 문제가 되지 않았다. 연단에 홀로 서거나 행사 무대에 오르는 것은 이향인을 그 공간의 다른 모든 사람과 구별해주는, 그들에게 할당된 사회적 역할이기 때문이다.

나는 열네 살 때 병원에서 자원봉사를 시작하며 이를 직접 경험했다. 별로 대단한 역할은 아니었다. 작은 간식 수레를 끌고 병실을 돌며 침대에 누워 있는 환자들에게 사탕을 팔고 신문과 작은 세면용품을 나눠주는 일이었다. 환자들이 그 수레의 등장을 그리고 수레를 맡아 끌게 된 행운의 주인공인 나의 등장을 손꼽아 기다렸기에 그 일은 무척 보람 있었다. 하지만 이 자원봉사의 진짜 혜택은 하얀 가운을 입을 수 있다는 점이었다. 덕분에 누군가는 나를 유난히 어린 의사, 이를테면 운전면허도 따지 못할 나이에 의과대학을 졸업한 일종의 천재 소년으로 생각할지도 모른다고 상상할 수 있었다(돌이켜보면 아무도 그렇게 생각하지 않았을 게 뻔하지만 열네 살의 상상력에는 한계가 없었다). 이 환상을 깨뜨린 유일한 것은 가운 가슴 주머니에 새겨진 '자원봉사자'라는 글자였다. 나는 그 주홍 글씨를 숨기려고 온갖 방법을 썼다. 그래야 내가 맡은 역할을 최대한 연기할 수 있었기 때문이다. 영화 속 우디 앨런Woody Allen처럼 어색하게 손을 주머니 위에 얹은 채 다니는 버릇까지 만들어냈다. 내가 단순히 봉사 시간을 채우는 수많은 청소년 중 하나에 불과하다는 증거를 가리기 위해서 말이다. 뿔테 안경을 쓴 키 크고 깡마른 빨간 머리 소년이 가슴에 손을 올려놓은 채 병원 구석구석을 돌아다니는 모습은 꽤 우스꽝스러운 광경이었을 것이다. 하지만 나는 이렇게 눈에 띄는 것이 오히려 나를 기분 좋고 자신감 있게 만든다는 사실을 깨달았다. 그렇게 하니 나와 다른 사람들 사이에 명확한 구분 선이 생겼고, 그 덕분에 봉사활동 시간을 훨씬 수월하게 보낼 수 있었다.

마음의 안정을 주는 역할이 꼭 눈에 띌 필요는 없다. 겉으로 드러나지 않는 '은밀한' 역할이어도 괜찮다. 예컨대 다른 병원을 방문한 의사나 다른 대학 캠퍼스에 있는 교수처럼 말이다. 이향인에게 자신이 주변 사람들과 다르다는 감각을 확인시켜주는 것이라면 무엇이든 가능하다. 자신이 다르다는 것을 인식하면 외적 경험과 내적 경험이 맞아떨어져서, 외향적인 척 연기할 때와 달리 그 상황을 자연스럽고 편안하게 느낄 수 있다.

자신의 가짜 외향인 시절을 돌아볼 때, 성인이 된 이향인들은 종종 과거에 보였던 활발한 모습과 지금의 과묵한 성향 사이의 차이를 받아들이기 어려워한다. 그러나 이는 성장 과정에 따른 변화로, 전혀 이상하지 않다. 연기해야 한다는 부담에서 벗어나는 순간, 이향인의 진짜 자아가 비로소 모습을 드러낼 공간이 생기고 그것은 그들에게 필요한 마음의 평화를 가져다준다.

이는 1장에서 소개했던 환자 A의 사례와도 정확히 맞아떨어진다. 20대에 접어들면서 이향인들이 집단에 참여하지 않아도 눈에 덜 띄는 시점이 찾아오자 그는 비로소 자신의 기준에 따라 선택한 일과 인간관계로 가득한 삶을 꾸려갈 수 있었다. 진정한 연결감과 기쁨을 안겨주는 매우 행복한 삶을 말이다.

자유로운 영혼을 가진
혁신가

5장

남들과는 다른 방향을 보기에
남들이 보지 못하는 부분을 본다

독창성은 이전에 존재하지 않았던 것을 만들어내는 행위다. 예술, 과학, 그 밖의 모든 창조적 분야에서 이루어지는 위대한 혁신은 흔히 협업의 산물이라고들 한다. 즉, 여러 재능 있는 사람들이 함께 머리를 맞댄 결과라는 얘기다. 최첨단 지식을 발전시키고 혁신적 해결책을 실행하고 새로운 아이디어를 실현하려면 종종 많은 사람의 협력이 필요한 것이 사실이다. 하지만 진정한 독창성은 항상 획기적인 통찰, 아이디어 혹은 영감에서 비롯되는데, 이런 것들은 보통 한 사람의 머릿속에서 나온다. 소설가 존 스타인벡John Steinbeck은 "인류는 유일한 창조적 종이며, 단 하나의 창조 도구만을 지니고 있다. 그것은 바로 인간 개인의 마음과 영혼이다"라고 말한 바 있다.

집단은 이미 일어난 창조를 확장하고 발전시키며 적용할 수 있다. 하지만 집단 전체라는 이름으로 무언가를 '발명'하는 일은 없다. 음악이든 미술이든 시든 수학이든 철학이든, 스타인벡의 말처럼 "창조의 고귀함은 한 인간의 고독한 마음속에서"만 태어난다. 갈릴레오, 반 고흐, 모차르트, 플라톤을 떠올려보라. 피타고라스, 유클리드, 뉴턴, 맥스웰, 아인슈타인, 보어는 말할 것도 없다. 이들 모두는 기존의 통념을 거부하고 자연·예술·철학을 바라보는 참신한 관점을 밝혀내어 세상에 자신만의 흔적을 남겼다. 비록 시간이 흐르면서 많은 이들이 그들의 생각을 이어받고 발전시켰지만 그 발상은 (적어도 처음에는) 그들만의, 오직 그들만의 것이었다.

기존의 관습에서 벗어난 아이디어를 떠올리는 일은 쉽지 않고, 혁명적인 발견을 해내는 공식 같은 건 존재하지 않는다. 완전히 새로운 방식으로 생각하고 듣고 보는 과정을 명확하게 공식화할 수는 없어도, 한 가지는 분명히 말할 수 있다. 그런 창의적 사고가 가능해지려면 집단적 사고가 개인의 마음에 씌워 놓은 한계에서 자유로워야 한다는 점이다. 그래서 이런 종류의 독립적 사고가 자연스럽게 흘러나오는 이향인들은 탁월한 독창성을 지닌 경우가 많다.

진정으로 독창적인 사람과 단순히 재능이 있거나 예술적이거나 뛰어나기만 한 사람의 차이는, 전자는 특정 분야의 1등을 목표로 하지 않는다는 점이다. 대신 그들은 아무도 시도해볼 생각조차 하지 않는 일을 한다. 천체물리학자 닐 디그래스 타이슨 Neil deGrasse Tyson은 이를 자신의 인생 철학으로 삼고 있다고 말한다. "내가 하는 일을 다른 누군가도 할 수 있다면 그건 그 사람이 하면 된다. 내가 하고자 하는 일은 세상에 독창적인 도움을 줄 수 있는 일이다. 오직 나만이, 내가 가진 재능의 조합으로만 이뤄낼 수 있는 그런 일 말이다. 그것이 내 인생의 우선순위다."

이향인들이 독창적 기여를 할 수 있는 이유는 두 가지다. 첫째, 그들은 예술, 문학, 음악 등 모든 창작 분야에서 '좋은 작품'이 무엇인지를 규정하는 집단적 통념에 영향을 받지 않는다. 이는 이향인들이 은둔자처럼 외부 영향에 노출되지 않아서가 아니라 창조적 결정을 내릴 때 기존의 의견이든 새로운 의견이든 누구의 견해에도 흔들리지 않기 때문이다. 그들은 그런 다양한 관점들이 만들어내는 잡음을 굳이 걸러낼 필요가 없다. 애초에 그런 관점들을 거의 인식하지 못하며, 설령 인식하더라도 그것을 비교의 기준으로 삼고 싶은 마음이 생기지 않는다. 그 결과 단순히 생각하는 행위만으로도 이향인은 의도치 않게 통념을 뒤흔드는 창조적 발견에 이를 수 있다.

둘째, 이향인에게는 타인의 인정이나 동의가 필요하지 않다. 자신의 작업이 어떤 가치를 가지는지 남을 설득하려 하지 않고 평가나 비판을 두려워하지 않을 때, 비로소 아무런 제약 없이 진정한 창조가 가능해진다.

화가 프리다 칼로Frida Kahlo는 이런 말을 했다. "세상이 뭐라고 생각하든 난 개의치 않는다. 난 독한 년으로 태어났고, 화가로 태어났고, 망가진 채로 태어났다. 하지만 내 방식대로 행복했다. 당신들은 내가 누구인지 이해하지 못했다. 나는 사랑이다. 나는 쾌락이고, 본질이고, 멍청이고, 중독자고, 끈질긴 존재다. 나는 존재한다. 그냥 존재할 뿐이다." 칼로는 진정한 이향인이었지만 은둔자와는 거리가 멀었고, 끔찍한 전차 사고로 침대에 누워 지내기 전까지는 부유하고 유명한 사람들과 어울리기를 즐겼다. 하지만 그녀의 내면에는 깊은 영감의 샘이 있었다. 그곳은 외부의 그 어떤 영향도 침투할 수 없는 영역이었다. 자화상을 "덜 남성적"으로 그리라는 압박조차 닿지 못했다. 그녀는 그런 압박에 조용히 맞서면서 자기 초상화의 대표적 상징이 된 과장된 일자 눈썹과 옅은 콧수염을 탄생시켰다. 그녀는 이렇게 썼다. "나는 꿈이나 악몽을 그리지 않는다. 나는 나만의 현실을 그린다. 그리고 머릿속을 스치는 거라면 무엇이든 다른 고민 없이 그대로 그려낸다."

이처럼 '집단적 통념'에서 자유로운 이향인은 창조 행위를 통해 무엇을 이루어야 한다는 부담을 갖지 않는다. 독창적이고 기존의 무언가를 따르지 않은 것이라면 창작물이 꼭 본질적 가치를 담지 않아도 된다고 본다. 전례가 없는 것이라면 사람들을 만족시키지 못해도 상관없다고 여긴다. 이향인들은 언제나 남들과 다른 방향을 바라보기에 남들이 보지 못하는 부분을 밝히는 새로운 시각을 가질 수 있다.

공감 능력이 뛰어난 사람

6장

진정한 공감은
타인의 시선으로 그 사람을 바라보는 것이다

우리는 모두 "다른 사람의 입장에서 생각해보라"는 말을 익히 알고 있다. 이는 친구, 동료, 가족, 심지어 힘든 일을 겪고 있는 낯선 사람에게 공감을 권하는 일반적인 방법이다. 또한 '사람은 본질적으로 같다'고 여기는 집단의 편향이 자연스럽게 확장된 결과이기도 하다. 사람은 누구나 비슷한 상황에서 같은 감정을 느끼기 때문에, 일단 다른 사람의 처지가 되어보면 그 사람이 어떤 기분일지 알 수 있다고 가정한다.

이처럼 공동체 지향적 삶이 주는 보상 중 하나는 우리가 공감을 통해 '서로를 이해할 수 있다는 감각'이다. 공동체 지향인은 우리가 모두 같은 방식으로 사랑하고 같은 방식으로 미워하고 같은 대상을 두려워하며 같은 감정을 느낀다고 믿는다. 이런 믿음은 말 그대로 인간에게 제2의 천성이 될 만큼 자연스럽고 당연해져서 "남에게 대접받고자 하는 대로 남을 대접하라"*는 공동체 도덕 원칙 중 하나까지 만들어냈다.

물론 이 말이 설득력 있는 이유는 사람이라면 같은 방식으로 대우받기를 원한다는 '믿음'을 전제로 하고 있기 때문이다. 모든 사람이 같은 욕구와 바람을 갖고 있다는 관념은 우리 안에 너무도 깊이 박혀 있어서 과연 그것이 맞는지 가끔 멈춰서 따져볼 생각조차 하지 않는다. 하지만 모든 사람이 같다고 가정하면, 상대방이 겪고 있는 일을 제대로 헤아릴 수 있는 능력을 잃게 되어 더 깊은 차원의 공감에 도달할 수 없게 된다.

*
Do unto others as you would
be done to. 기독교 윤리와
서양 도덕철학에서 널리 알려진
황금률. —옮긴이

공동체 지향인에게는 그런 수준의 공감이 매우 어렵지만 이향인에게는 지극히 자연스럽다. 이향인은 결코 '내가 당신의 입장이라면 어떻게 할까'를 상상하지 않는다. 대신 '당신이라면 어떻게 할까'를 그려본다. 즉, 그들은 '당신의 시선으로 당신의 상황을 바라본'다. 다른 사람의 관점을 자신의 것과 분리할 수 있는 이런 능력은 이향인들이 왜 근본적으로 선입견 없는 태도를 보이는지도 잘 설명해준다. 공감의 실패는 흔히 누군가의 선택이나 행동을 보고 '내가 저 상황이었다면 더 잘 해결했을 텐데'라고 생각하는 데서 비롯된다. 판단이란 결국 자신의 신념과 가치관을 자신과 상대방 사이에 끼워넣는 것이다. 그 결과 우리는 진정으로 상대방의 관점에서 세상을 바라보지 못한다. 그런 이유로 판단이나 편견 없이 상대방의 내적 현실에 반응할 수 있는 이향인의 이런 능력이 오히려 높은 수준의 공감적 통찰력을 만들어내는 것이다.

공동체 지향인은 집단 안에 있을 때 내가 '블루투스 현상'이라 이름 붙인 현상을 자동으로 경험한다. 이는 일정한 범위 안에 있는 누구와도 신호를 주고받을 수 있는 능력을 말한다. 대부분의 인간은 블루투스 기기와 같아서, 주위를 탐색하며 연결 가능한 사람들이 있으면 자동으로 페어링된다. 공항이나 마트, 도시 거리에서 만나는 수많은 낯선 사람들이 별로 어려워하지 않고 함께 있는 모습을 떠올려보라. 적어도 일상적이고 평범한 상황에서는 아무도 주변 사람들을 의식적으로 신경 쓰지 않는다. 그런데도 사람들은 서로 아는 사이든 모르는 사이든 함께 있을 때면 자동으로 작동하는 일종의 무의식적 협력 시스템에 따라 움직이며 사회적 조화를 만들어낸다.

바로 이 블루투스 현상이 이런 동시적 움직임을 지휘하며 개개인의 의식과 주변의 집단적 분위기 사이에 무의식적 연결을 만들어낸다. 우리는 누구나 다른 이들과의 관계 속에서 저마다의 역할을 수행한다. 새로운 사람이 합류하고 또 누군가는 떠나간다. 하지만 모두가 같은 블루투스 신호로 연결되어 있기에 사회적 교류가 매끄럽게 이루어진다. 그래서 우리는 엘리베이터에서 이웃을 만나면 미소 지으며 인사해야 하고, 슈퍼마켓 통로에서는 카트를 옆으로 옮겨 다른 사람이 지나갈 수 있게 해야 한다는 것을 안다. 평소에 눈앞을 스쳐 지나가는 사람들 하나하나에는 별 관심을 두지 않으면서도 말이다. 이는 군중 속에 있을 때 나타나는 자연스러운 반응이다.

블루투스 현상은 '떨어져 있음'과 '함께 있음'이라는 이분법적 개념을 넘어서서 고립감을 덜어주는 역할도 한다. 우리는 이를 통해 주변 사람들이 들떠 있는지, 긴장했는지, 두려워하는지를 감지할 수 있고, 그 분위기를 읽을 수 있다(다만 이 규칙이 적용되지 않는 대표적 사례가 청소년 집단이다. 그들은 자신들보다 나이 많은 사람에게 단절감을 느끼고 무관심하거나 심지어 적대적인 태도를 보인다. 그 결과 주변 어른들의 신호를 받아들이지 못하고, 어른들 또한 그들로부터 신호를 받지 못한다).

당연하게도 이향인은 주변 집단과 이런 종류의 무의식적 연결을 만들어내지 못한다. 블루투스 현상 덕분에 공동체 지향인들이 별다른 노력 없이 다른 사람들의 마음에 접근할 수 있는 것과는 대조적이다. '혼자 있는 것'과 달리 '외로움을 느끼는 것'은 주변에 다른 사람들이 있느냐 없느냐의 문제가 아니라 그들과 연결될 수 있느냐 없느냐의 문제다. 벽 너머에 이웃이 살고 있어도 우리가 혼자라고 느끼는 이유가 바로 여기에 있다. 쉽게 접근할 방법이 없기 때문이다. 하지만 이향인은 타고난 성향 자체가 집단과 친밀하게 어울리도록 설계되어 있지 않다. 블루투스 신호에 접속하지 못하기 때문에 낯선 사람들로 이루어진 집단 가까이에 있을 때 그들은 극도의 고립감을 느낀다. 그리고 집단이 클수록 그 고립감은 더 커진다.

공동체 지향인들처럼 집단 내의 뒤엉킨 생각들을 바로 읽어낼 수 없어서 이향인은 눈앞에 보이는 모든 사람에게 관심을 기울일 수밖에 없다. 그 만남이 친밀하지 않고 잠깐뿐이며 서로 잘 모르는 사이더라도 말이다. 그나마 다행인 것은 개개인에게 쏟는 세심한 관심이 일대일 관계에서는 큰 장점으로 작용한다는 점이다. 바로 여기서 그들이 지닌 '맞춤형' 공감 능력이 빛을 발한다.

어릴 적 나는 모든 사람이 나처럼 다른 사람의 마음을 읽을 수 있다고 생각했다. 등굣길에 마주치는 사람마다 그들의 삶, 기분, 상황에 대해 떠올린 생각들을 머릿속 어딘가에 차곡차곡 정리해두곤 했다. 특정 개인에게 흥미나 매력을 느껴서가 아니었다. 그저 다른 사람을 마주쳤을 때 본능처럼 일어나는 반응이었다. 그로부터 따로 얻는 보상은 없었다. 애초에 내 추측이 맞는지 확인할 방법이 없었기 때문에 내가 머릿속으로 그려낸 것들이 대부분 맞는지도 알 수 없었다. 하지만 그것은 내 의지로 하는 행동이 아니었고 멈출 수도 없는 일이었다.

그러다 결국 나는 깨달았다. 길에서 스쳐 가는 사람들을 '읽어내는' 일이 힘들고 헛되긴 하지만, 그 능력이 있었기에 누군가와 일대일로 만났을 때 아주 짧은 순간이라도 의미 있는 연결을 만들어낼 수 있었다는 사실을 말이다. 4장에서 언급했던 병원 자원봉사 경험은 이를 처음으로 깨달은 계기였다. 그곳에서 나는 처음으로 어른들과 깊이 있는 대화를 나눴다. 어떤 환자들은 먼저 말을 걸어왔고, 누군가와 대화할 수 있다는 사실만으로도 그들은 무척 기뻐했다. 나는 과자와 신문, 세면도구를 나눠주는 일을 마친 뒤에도 종종 그들을 찾아가 대화를 이어갔다. 환자들은 나와 이야기를 나누면 덜 외롭다고 말했다. 그 말은 나를 뿌듯하게 했을 뿐 아니라 타인의 눈을 통해 세상을 바라보는 것, 섣불리 판단하지 않는 것, 그리고 순수한 공감에서 출발해 행동하는 것의 힘을 처음으로 이해하게 해주었다.

이렇게 해서 의학과 나의 평생 인연이 시작되었다. 고등학교 1학년 시절, '자원봉사자'라고 수놓인 가운을 입고 잠깐이나마 사람들의 기분을 좋게 해주고 있다는 이유로 나는 마치 의사가 된 듯한 기분을 느꼈다. 정작 환자들이 어떤 병을 앓고 있는지, 어떤 치료를 받고 있는지도 몰랐지만 말이다. 그리고 사람들이 진료실에 들어올 때보다 나갈 때 더 나은 기분이 들도록 돕는 것, 이것이 의사가 된다는 것의 참 의미라는 생각은 내가 '진짜' 의사로 일해온 세월 내내 변하지 않았다.

2부

왜 세상은 '공동체 인간들'을 위한 곳이 되었나

왜 세상은 '공동체 인간들'을 위한 곳이 되었나

우리는 모두
이향인으로 태어난다

7장

자기중심적 인간에서
공동체적 인간으로 길러지는 과정

인간 행동을 이해하려는 모든 시도는 필연적으로 본성 대 양육 논쟁에 부딪친다. 특정 행동의 어떤 측면이 타고난 것이고 어떤 측면이 학습된 것인가 하는 문제 말이다. 우리는 일상에서 이런 이중성을 자주 마주한다. 내가 사소한 일에도 동요한다면 태어날 때부터 예민했던 걸까, 아니면 삶의 경험이 나를 특정 자극에 더 민감하게 만든 걸까? 내가 슬픈 것은 처한 상황 때문일까, 아니면 선천적으로 우울한 성향을 지니고 있기 때문일까? 나는 왜 이렇게 행동할까? 이것이 내 본모습일까, 아니면 학습을 통해 습득한 걸까? 우리의 선택과 경험은 선천적 요소(본성)와 후천적 요소(양육)가 각기 다른 비중으로 작용한 결과다. 우리는 선천성을 변하지 않는 것으로 여기고, 후천성은 깊이 뿌리내렸더라도 변화 가능한 것으로 여긴다.

공동체 지향적인 우리 사회는 아주 오랫동안 인간은 집단에 속하려는 본능적 욕구를 타고난다는 믿음을 심어왔다. 인류의 등장 이래 소속 욕구가 인간 공동체를 하나로 결속시키는 힘이 되어왔다는 것이 그 이유 중 하나다. 소속 욕구가 없었다면, 협력을 통해 얻게 된 (다른 종 대비) 경쟁 우위는 존재할 수 없었을 것이다. 선사시대 조상들이 무리나 부족에 속함으로써 개인의 생존 가능성을 높일 수 있었으므로, 인간은 태생적으로 소속감을 추구하도록 만들어졌다는 것이 오랜 통념이었다.

물론 이 이론에는 나름의 일리가 있지만 이는 훨씬 더 미묘하고 복합적인 이야기의 한 부분에 불과하다.

사실 우리는 모두 세상에 홀로 태어나 홀로 떠난다. 공동체 지향적인 여러 동물과 달리, 인간 신생아는 스스로 아무것도 할 수 없는 상태로 오랜 시간을 보내고 그래서 양육자와 정서적으로 연결되거나 애착을 형성하지 못하면 생존 가능성이 크게 줄어든다. 하지만 애착 충동에 대한 과학적 논의는 대부분 그것을 소속 욕구와 혼동하고 있다. 최초의 애착 충동은 선천적 본능(진화적으로 부모나 다른 주요 보호자에게 의존하도록 설계된 장치)이지만 그 이후의 관계는 학습을 통해 형성되는 것이다.

아주 어린 시기의 아이들은 낯선 사람들로 이루어진 집단에 대한 애착을 저절로 이해하거나 느끼지 않는다. 영아들은 자신이 처한 상황이나 시공간 개념, 주변에서 일어나는 일에 대해 아무것도 알지 못한다. 언어를 배우지 못한 아기들은 언어를 구사하는 인간이 주고받는 정보로부터 단절되어 있고, 내적 세계와 외적 세계를 조직하고 구분할 기준틀도 갖고 있지 않다. 자아와 타자 사이를 구분짓는 명확한 경계도 없다. 그들은 자신을 둘러싼 어른들 사이의 관계에 대해 아무것도 모르고, 사회적 삶을 지배하는 수많은 복잡한 개념들에 대해서도 당연히 전혀 알지 못한다. 다시 말해, 아기들은 집단이라는 개념이나 자신이 그 집단 안에서 어떤 위치에 있는지를 전혀 인식하지 못한다.

하지만 아기들은 저마다 자기 자신을 안다. 아이들은 무언가

필요할 때 울고 보채며 자기 자신을 챙길 능력을 갖춘 채 태어난다. 다만 이렇게 어린 나이에는 사회적 행동 개념이 미숙하여 기본적인 욕구조차 불분명하고 서툴게 표현할 뿐이다.

인생의 첫 2년은 이런 자기중심적인 방식으로 흘러간다. 아기는 다른 사람들의 필요는 상관없이 자기 욕구를 충족하기에 급급하다. 배가 고파서 우는 순간에 엄마가 화상회의로 바쁜지 어떤지 알지도 못하고 신경도 쓰지 않는다. 그러다 세 살 무렵이 되어 언어를 습득하면서 다른 사람들의 필요와 의견을 이해하기 시작한다. 이때부터 어린아이들은 행동에서 자기중심적 측면을 버려야 한다고 배운다.

지금까지 아이의 욕구는 아무런 조건 없이 충족되었다. 하지만 이제 아이는 자기 행동이 사회적으로 적절한가에 따라 양육자의 승인을 받을 수도 있고 받지 못할 수도 있다는 사실을 배우기 시작한다.

'나눠 쓰기', '차례 기다리기', '다른 사람에게 말할 기회 주기' 등 함께 어울리기 위한 규칙들이 반복적으로 주입되지만 아이에게 왜 자신의 필요보다 집단의 필요를 우선해야 하는지에 대한 설명은 주어지지 않는다. 어른들은 "이렇게 해야 친구를 사귈 수 있어, 이게 올바른 방법이야"라고 말하며 공동체 지향적 행동을 하는 아이들에게 격려의 미소, 포옹, 하이파이브 그리고 다양한 형태의 칭찬으로 보상을 해준다. 한편, 유아기에 특징적으로 나타나는 평행 놀이parallel play*는 보호자의 권유에 따라 점차 다른 사람의 반응과 행동에 대응해야 하는 상호작용적인 놀이로 대체된다. 이토록 보편적인 규모로 이루어지는 인지·행동 조건화는 다른 예를 찾아볼 수 없다.

이런 선의에서 비롯된 훈육은 아이들의 성장 과정 전체를 형성한다. 아이들은 자신의 충동보다 집단의 필요를 우선시하도록 배우고, 다른 사람들과 비교해 자신이 덜 중요할 수도 있다는 점을 이해하게 된다. 더는 자신이 세상의 중심이 아니라는 자각은 어린아이로서 받아들이기 어렵지만, 사회적으로 행동했을 때 얻는 보상이 이를 어느 정도 상쇄시킨다. 이렇게 해서 한때 자기중심적이던 아이는 공동체적 삶으로 떠밀려 들어간다.

대부분의 아이는 그 과정에서 가끔 어려움을 겪기도 하지만, 이 같은 사회적 조건화를 비교적 쉽게 받아들인다. 하지만 타고난 이향인은 예외다. 이들은 아주 어릴 때부터 양육자, 교사, 부모가 아무리 권해도 자신의 내면 세계를 억누르고 공동의 경험에 맞춰가는 것이 불가능하다. 독립적 개인에서 사회적 존재로 성장해 나가는 과정이 이들에게는 순탄하지가 않다. 그 대신 이향인들이 마주하는 것은 사회적 기준을 따르지 않는 사람들에게 흔히 따라붙는 오해와 비난이다. 나 역시 그 과정을 겪었다.

1960년대 이스라엘에서는 아이들이 5학년이 되면 보이스카우트에 가입하는 것이 관례였다. 여러 면에서 미국의 보이스

<hr>

* 다른 아동들 틈에서 놀지만
서로 접촉하거나 간섭하지 않고
혼자서 노는 놀이.—옮긴이

카우트를 본뜬 조직이었다. 그들은 흔히 볼 수 있는 보이스카우트 제복을 입고 또래 집단과 일주일에 두 번씩 만나면서 선행을 베풀고 더 큰 선善을 위해 자신을 희생하라는 교육을 받았다. 오늘날과 달리 내가 가입할 당시에는 스카우트에 들어가는 것이 '가장 멋진' 일로 여겨졌고 가입하지 않는 사람은 '찌질이' 혹은 괴짜 취급받았다.

부모님은 내게 스카우트 제복과 스카프, 그리고 목깃에 스카프를 고정하는 가죽 고리까지 맞춰 사주었다. 그 제복을 입고 지역 스카우트 모임에 갔던 날, 왠지 특별하고 어른이 된 듯한 기분이 들었던 게 아직도 기억난다. 걱정 없던 어린 시절에서 처음으로 어른의 책임을 맛보는 듯한 단계로 넘어가는 이 통과의례를 치르며 나와 친구들은 설레는 마음을 주체할 수 없었다. 우리는 책상다리를 한 채 빙 둘러앉았고 곧이어 열여섯 살쯤 된 단장 형이 작은 의자에 앉아 몹시 진지하게 말을 건넸다. 그는 보이스카우트가 된다는 것의 의미를 설명하고는, 우리에게 일어서서 차렷 자세를 취하고 자신의 선창을 따라 엄숙한 마음으로 서약문을 읽으라고 했다. 내용은 대략 이러했다.

언제나 준비된 자세를 취한다.
주어진 의무를 다할 준비를 한다.
조국과 민족에게 충성을 다한다.

항상 이타적으로 남을 돕는다.

내가 맹세한 바를 끝까지 지킨다.

그 말을 소리 내어 따라 하면서 나는 처음으로 내가 다르다는 것을 깨달았다. 다른 아이들은 자신들에게 주어진 의무에 경외심을 느끼는 듯했지만 나는 거부감만 들 뿐이었다. 아무리 노력해봐도 그들의 열정을 함께 나눌 수 없었다. 대부분이 나와 가까운 남자 친구들이었는데도, 그들이 문득 낯설고 멀게 느껴졌다. 나는 그날 처음으로 깊은 고독감에 휩싸였다. 마치 그 의식에 참여하지 않고 멀찍이 떨어져서 구경하는 기분이었다.

그날 밤, 나는 어머니에게 스카우트를 그만두고 싶다고 말했다. 어머니는 조금 더 해보고 결정하라고 하셨고, 나는 두 번 더 모임에 나간 후 그만두었다. 그리고 다시는 돌아가지 않았다. 여름이면 내 친구들은 모두 다 야생으로 떠나 생존 기술을 배우고 유대감을 쌓으며 어른들의 간섭 없이 즐겁게 지냈다. 나는 친구들을 태우러 버스가 도착하던 장소에서 한 블록 떨어진 곳에서 살았기 때문에 떠나는 아이들의 들뜬 목소리가 공기를 가르며 울려 퍼지는 것을 들을 수 있었다. 그렇게 걱정 없이 지내는 친구들의 모습이 부러워서 매번 베개로 머리를 감싼 채 어떻게든 그 소리를 듣지 않으려고 했다. 나는 경험을 통해 알고 있었다. 친구들이 떠나면 잠깐 스쳤던 이 소외감은 같이 가지 않고 남아 있을 수 있다는 데서 오는 깊은 안도감으로 바뀐다는 것을. 그런데도 그 순간만큼은 고통스러웠다.

한번은 내가 베개를 머리에 뒤집어쓰고 침대에 누워 있는데 어머니가 방에 들어온 적이 있었다. 내가 내 선택으로 하지 않기로 해놓고, 왜 친구들을 부러워하는지 어머니는 이해하지 못했다. "도대체 누가 널 그 여행을 가지 못하게 막고 있니?" 어머니는 물었다. 나는 내 마음을 어떻게 설명해야 할지 끝내 알 수 없었고, 어머니는 내가 왜 다른 아이들처럼 될 수 없는지 의아해했다.

나는 내가 왜 '평범할' 수 없는지 어머니에게 결코 설명할 수 없었다. 나조차도 그 이유를 알지 못했기 때문이다. 대부분의 십 대 아이들이 꿈꾸는 그런 여행(또래들과 함께 어른의 간섭 없이 밤 늦게까지 장난을 치면서 떠들썩하게 보내는 여행)이 왜 그토록 견딜 수 없게 느껴졌는지 이유를 몰랐다. 다만 다른 아이들처럼 그런 여행을 즐길 수 없으리라는 사실만은 알고 있었다.

이제 나는 어머니가 왜 그렇게 걱정을 했는지 이해한다. 어머니는 내가 공동체 활동에 참여하기를 바랐다. 내 이향인 환자들의 부모들처럼 자신이 생각하는 '사회화'에 내가 무관심해서 불안했을 것이다. 어머니는 내가 학교를 좋아하고 익숙한 환경에서는 매우 붙임성 있고 활달하다는 점을 알고 있었다. 하지만 대부분의 사람처럼 어머니도 어딘가에 속해야만 인생에서 성공할 수 있다고 생각했고 그래서 공동체 안에서 자리 잡지 못하는 나를 계속 걱정했다. 그러다 결국 어머니는 집단 활동이 나를 지치고 불행하게 만든다는 점을 알게 되었다. 나를 이해하지는 못했지만 나를 사랑하고 나의 행복을 바랐다. 그렇기에 감사하게도, 내가 타고난 이향인의 본모습대로 살게 해주었다.

'함께가 혼자보다 낫다'는 믿음이 강요될 때

8장

삶에는 올바른 방식도
틀린 방식도 존재하지 않는다

우리는 참여를 중요시하는 문화 속에서 살고 있다. 이를 뒷받침하는 증거들은 아주 어린 시절부터 나타난다. 우리는 가진 것을 나누고, 친구들과 사이좋게 놀고, 주변 사람들의 행동에 맞춰 행동하라고 배운다. 다른 아이들이 줄을 서면 어른들은 우리에게도 줄을 서라고 말한다. 다른 아이들이 조용히 이야기하면 우리도 목소리를 낮추라고 주의를 준다. 다른 아이들이 정글짐에서 놀면 우리에게도 모래밭에서 나와 그곳에 올라가 보기를 권한다. 아직 사회적 규범을 이해할 능력이 생기기도 전에 우리는 이미 소속되어야 한다는 욕구를 배우고, 공동체가 요구하는 기대에 신속히 맞추도록 길러진다.

또한 우리에게는 또래들과 유대 관계를 맺을 기회들이 끝없이 제공된다. 카풀, 여름 캠프, 팀 스포츠, 방과 후 동아리 등이 그 예다. 교실은 종종 팀이나 집단으로 나뉘고, 각각은 집단 정체성과 소속감을 강화하는 이름(예를 들면 빨간 팀과 파란 팀)을 부여받는다. 집단에 동화되는 이런 능력은 건강한 사회적·정서적 발달을 위한 전제조건으로 여겨지며 그 관계망에 끼지 않는 선택지는 사실상 존재하지 않는다.

이러한 '무리에 속하려는' 욕구는 사춘기 초기에 한층 더 커진다. 이 시기에 우리는 집단을 무시하면 불행해지고 따돌림을 당하지만 집단에 순응하면 사회적 보상을 얻는다는 사실을 (종종 뼈아픈 과정을 통해) 깨닫는다. 그렇게 인기와 사회적 인정을 향한 욕망은 삶 전체를 지배한다. 동시에 또래 집단에 끼기 위한 조건은 더욱 까다로워지며, 인기 있는 무리는 점점 더 배타적으로 변한다.

이런 '유도된 소속감'은 스무 살 전후가 되면 점차 약해진다. 이때부터 학교, 방과 후 프로그램, 캠프, 가족처럼 어른들이 짜놓은 집단 구조가 점차 느슨해지기 시작한다. 시간이 흐르고 추상적 사고 능력이 더 발달하면 우리는 이를 통해 개념과 생각을 공유하는 관념적 집단에 합류할 수 있게 된다. 정당, 종교, 혹은 다른 이념적 집단들이 그런 경우다. 이 도약을 통해 비로소 온전한 소속 상태에 진입한다.

이 시점이 되면 우리는 분명한 교훈을 얻는다. 성인이 되고 나서는 고등학교 교실이나 대학 기숙사에서처럼 자연스럽게 집단이 형성되지 않는다는 사실이다. 그 대신 우리는 잠재적 집단을 찾아내어 그곳에 합류하려는 노력을 기울여야 하며 때로는 그런 집단 형성에 직접 참여해야 한다.

마찬가지로 사회적 서열 체계도 달라진다. 어린 시절과 청소년기에는 집단이 각 구성원에게 특정한 사회적 서열을 비공식적으로 (그리고 불공정하게) 매긴다. 이때의 기준은 모든 포유류의 서열을 결정하는 것과 동일한 속성들, 즉 외모, 건강 상태, 체격이다. 그러나 이러한 메커니즘은 성인이 되면서 바뀐다. 바람직한 외모는 여전히 하나의 자산으로 작용한다. 하지만 성인이 된 뒤에는 돈, 계급, 국적, 그 밖의 모호한 추상적 지위 상징 지표에 의해서도 사회적 서열이 결정된다. 배타성 역시 중요한 역할을 한다. 컨트리클럽이나 명문대 동문회처럼 가입이 어려운 집단일수록 그 집단은 더 탐나는 대상이 된다.

공동체 지향인들은 대체로 인간관계를 유지하는 데 지나치게 많은 시간을 쏟는다. 그들은 자신이 속한 수많은 집단에 들어가고 그 관계를 유지하기 위해, 심지어 환영받지 못하는 곳에서도 받아들여지기 위해, 그리고 늘 중요하다고 배워온 방식대로 '여전히 의미 있는 존재로 남기' 위해 시간과 돈과 노력을 들인다.

이런 변화는 한편으로 새로운 집단에 들어가는 일을 더 어렵게 만들고, 어린 시절 미리 짜여진 집단과 달리 들어가려는 사람에게 한층 더 강한 동기를 요구한다. 또 다른 한편으로, 이런 변화는 거부당함을 받아들이기 더 힘들게 만든다. 공동체 지향인들은 사회적으로 성공하지 못하면 불안, 자존감 저하, 그 밖의 정신적 어려움을 겪는데, 이는 그들이 인기와 '자아감sense of self'*을 동일시하도록 배워온 까닭이다.

사회적 삶이 점점 더 스스로 설계해야 하는 방식으로 바뀌면서 소속에 대한 욕구는 더욱 절실해진다. 많은 공동체 지향적 개인들에게 집단 소속감은(종교 집단처럼 공식적인 모임이든 친구들 모임처럼 비공식적인 모임이든) 꼭 필요한 사회적 지지를 제공해

*
자신이 누구인지를 인식하는
감각, 존재의 정체성에 대한
자각. —옮긴이

준다. 이러한 사회적 지지는 성인이 되면 누구나 한 번쯤 마주하는 삶의 덧없음에서 오는 불안과 점점 깊어지는 죽음과 고독에 대한 자각을 견디게 해준다.

한 사회에서 연대감은 특히 공동의 어려움에 직면했을 때 매우 소중한 가치로서 그 힘을 발휘한다. 이때는 어떤 집단이든 비장한 결의로 똘똘 뭉치려는 경향을 보인다. 자연재해, 전쟁, 테러 등 집단의 안전을 위협하는 위기가 닥치면 개인들은 흔히 타인을, 심지어 모르는 이들까지도 구하기 위해 기꺼이 큰 희생을 무릅쓰고 때로는 목숨까지도 건다. 이런 수준의 이타성은 일상에서는 매우 드문데, 평상시에는 원만하게 지내는 데 큰 희생이 따르지 않기 때문이다. 모든 게 잘 돌아갈 때는 집단이 받아들이고 심지어 찬양하기까지 하는 탐욕, 불평등, 경쟁 같은 것들이 위기 상황에서는 더 이상 유지되지 못한다. 그 대신, 자기 자신을 챙기기보다 타인을 돕고 짐을 나누는 일이 갑자기 존경받을 만하고 심지어 영웅적인 일이 된다. 위기 상황에서 이러한 행위들은 평소 같으면 경제적으로 성공하거나 상류층이어야 얻을 수 있었던 사회적 보상을 얻게 해준다. 집단이 직면한 실존적 위협이 클수록 구성원은 더 강한 연대감을 느끼고 더 큰 희생을 감수한다. 이는 집단이 각 구성원에게 공동체의 생존을 위해 자기 몫을 다하라고 요구하기 때문이다.

코로나19 팬데믹을 통해 이러한 원리가 거듭 입증되었다.

팬데믹이 닥치자 전례 없는 성격의 자발적 제한 조치들이 하룻밤 사이 생겨났다. 가게들은 문을 닫고, 학교는 아이들을 집으로 돌려보냈으며, 나라 전체가 바이러스 확산을 막기 위해 자발적 봉쇄에 들어갔다. 사람들은 서로 2미터씩 거리를 유지했고, 실내 모임을 중단했으며, 공공장소에서는 마스크를 착용했다. 이는 자신을 지키기 위해서이기도 했지만 타인에 대한 배려이기도 했다. 한편, 자선 기부를 비롯해 노인이나 거동이 불편한 사람들을 위한 음식 배달, 사회적으로 고립된 이들을 돕는 전화 상담 등 다양한 형태의 지원이 급증했다. 이로써 공동체가 개개인의 총합을 넘어서는 힘을 지닌다는 사실을 여실히 보여주었다.

이 모든 일들은 역사상 어느 시대, 어느 사회에서도 변치 않았던 하나의 핵심적 문화 진리를 뒷받침한다. 바로 '함께하는 것이 혼자보다 낫다'는 믿음이다. 많은 사람에게, 특히 어려운 때일수록 이 믿음은 사실로 통한다. 하지만 이향인들에게는 그렇지 않다. 그들은 집단 내 다른 구성원들과 협력해 공동의 생존을 도모할 때조차 자신이 속한 집단과 진정한 일체감을 느끼지 못한다.

우리가 살고 있는 문화는 연대감을 너무나 중시해서 이향인이 보이는 남들과 다른 그와 같은 태도를 '문제가 있는 상태'로 인식한다. 모두가 세상을 살아가는 옳은 방식이 단 하나뿐이라고 한다면 이향인들의 방식은 틀린 방식일 수밖에 없다. 하지만 다행스럽게도 대다수의 사람은 이런 주장에 동의하지 않을 것이다. 우리는 모든 사람이 똑같기를 기대하지 않는다. 사실 우리는 다양한 성격과 기질을 받아들이고 그 다채로움을 즐기곤 한다. 비소속성 역시 인간이 갖는 성격의 한 측면일 뿐이다. 그럼에도 불구하고 우리는 이향성을 다른 성향들과는 전혀 다르게 대한다. 이향인들에게 집단을 위해 진정한 자아를 포기하라고 끊임없이 요구하면서 말이다(아마도 많은 이들이 사회에 받아들여지기 위해 본래 타고난 자기중심적 성향을 억지로 버린 경험이 있기 때문일지도 모른다).

이향인에게 순응을 종용하는 압박은 종종 당사자와 주변 모두를 지치고 좌절하게 만든다. 그러나 내가 분명하게 말할 수 있는 한 가지는, 그런 방식은 결코 효과적이지 않다는 것이다. 실제로 나를 찾아오는 환자들 가운데는 성인이 되어서도 여전히 가족과 사회가 요구하는 규범에 따르라는 압박에 적응하지 못하고 괴로위하는 이들이 많다.

환자 T가 바로 그런 사례 중 하나였다. 우리가 처음 화상으로 만나기 시작했을 때, 그녀는 감정이 마비되어 아무것도 할 수 없을 만큼 극심한 불안에 시달리고 있었다. 수많은 정신과 약물을 복용하고 있었지만 소용이 없었고, 2년 동안 침대에서 벗어나지 못하고 있었다. 침대에서 나오지도 못해 화상으로 상담해야 했던 그녀는 흐트러진 모습으로 몹시 괴로워하며 감정에 북

받쳐 몸까지 떨고 있었다. 그녀는 자신이 아무것도 제대로 하는 게 없어서 항상 가족의 골칫거리였다고 말했다. 그녀의 가족은 매우 부유하고 속물적이었으며, 모두 수 세대에 걸쳐 같은 사회적 규칙을 충실히 지켜온 사람들이었다. 집안에는 사람이라면 어떻게 살아야 하는지에 대한 명확한 규칙들이 있었다. 점잖게 행동하며 절대 과시하지 말 것, 예절을 지킬 것, 좋은 위치에 제대로 된 별장을 소유할 것, 그리고 남자라면 몇 가지 인정받는 직업군 중 하나에서 일할 것 등이었다. 여자들에게 주어진 일은 점심 사교 모임뿐이었는데, 그들은 그것을 마치 직업처럼 진지하게 여겼다.

T는 이 모든 것과 정반대였다. 어린 시절부터 그녀는 소심하고 자신감 없으며 자기 존재 자체가 불편하게 느껴졌다. 끝없이 이어지는 피할 수 없는 시험 같은 삶에서 번번이 낙제하는 기분이었다. 그녀는 삶에 어떤 '올바른' 방식이 있다고 여겼다. 다른 사람들은 알고 있지만 자신은 도저히 알 수 없는 삶의 암묵적 규칙 같은 것 말이다. 나아가 주변 사람들은 모두 그 규칙을 터득해 쉽고 확실하게 삶을 살아가는데, 자신은 늘 사고만 친다고 생각했다. 가족들이 올바른 행동에 관해 지나치게 엄격한 기준을 들이댄 탓에, 그녀는 자신이 가족과 어울리지 않는 사람이라고 느꼈다. 더 심각한 문제는 그녀가 자신을 못마땅해하는 다른 사람들의 비난을 내면화했다는 점이다. 그녀는 자신을 게으르고 제

멋대로이며 자기중심적이고 특권의식이 있는 사람으로 여겼다. 공동체적 삶의 겉치레에 참여하지 않는 자신을 나무라며 다른 사람들이 자신에게 했던 비난을 그대로 되풀이했다.

수년 동안 T는 온갖 종류의 기분 장애와 성격 장애 진단을 받았다. 그녀는 약물을 비롯해 뇌 자기자극 치료, 특별 식이요법, 행동치료, 변증법적 행동치료 등 여러 치료법을 처방받았는데, 이들 사이의 공통점은 단 하나뿐이었다. 바로 효과가 없었다는 것이다. 그녀는 술을 마시지 않고 마약을 하지 않았음에도 중독 치료를 위한 재활 병원에 보내지기도 했다. T는 조금이라도 나아지기를 간절히 원했고, 그래서 터무니없는 방법일지라도 모든 치료를 성실히 따랐다. 하지만 어떤 면에서 이것이 오히려 그녀의 고통을 더 키운 꼴이었다. 치료의 효과가 없는 것이 전부 그녀 탓으로 돌아왔기 때문이다. "충분히 노력하지 않는다", "스스로 나아지기를 원하지 않는다"는 식의 비난이 쏟아졌다. 이 모든 것이 그녀의 불안을 증폭시켰고, 자신이 주변 세상과 어긋나 있다는 감각을 심화시켜 정상적인 일상생활을 할 수 없게 만들었다.

그녀는 자신의 모든 생각이나 감정을 의심했고, 무엇을 하든 실패할 게 뻔하다는 두려움 때문에 아무것도 할 수 없었다. MBA 과정을 마치고 부동산 투자 회사에 취직해 경력을 쌓으려 했지만, 만나는 학생들이나 동료 집단들에게 깊은 단절감을 느꼈다. 결국 그녀는 일을 그만두고 더 오랜 시간 동안 자신을 고립시키기 시작했다. 어느 순간부터는 복도에서 이웃을 마주하는 것조차 너무 버거운 일이 되었다. 그녀는 아파트 안으로 숨어들었고, 치료받으러(많이 받기는 했지만) 나갈 때를 빼고는 외부 세계와 거의 접촉하지 않았다. 의사들은 그녀가 "삶을 두려워한다"고 결론지었다. 안타깝게도 마지막에 내린 진단이 사실상 처음으로 정확한 것이었다. 하지만 오랜 치료 끝에 나온 말이었기에 그것은 진단이라기보다는 판결처럼 들렸다. 앞으로의 치료 방향을 제시하는 게 아니라 더 이상 치료할 수 없음을 인정하는 말이었다.

하지만 돌파구를 찾겠다는 그녀의 의지는 꺾이지 않았다. 치료가 잘 통하지 않는 환자들을 다룰 줄 아는 정신과 의사로 내가 연결되었고, 그렇게 우리 두 사람은 모니터를 통해 처음 만났다. 그녀는 내가 이전에 만났던 의사들과 크게 다르지 않을 거라 생각했다. 그러니까 거의 믿지 않았다는 얘기다. 마음속 깊은 곳에서는 그 누구도 자신을 제대로 이해하지 못한다는 걸 알고 있었지만, 그렇게 되기까지 그녀 자신을 탓하지 않을 수 없었다. 그녀는 내게 말했다. "전 아무것도 잘하는 게 없어요. 전 비정상이에요." 그 말을 듣고 나는 "그래도 한 가지는 아주 잘하잖아요. 바로 침대에 누워 있는 것 말이에요"라고 답했다. 그녀의 반응은 뭐였을까? 그녀는 이렇게 대답했다. "선생님, 반대 심리reverse psychology* 법은 이미 충분히 시도해봤는데 저에겐 통하지 않더라고요. 제

*
일부러 반대로 말해 상대가
그 말에 역으로 반응하도록
유도하는 심리 기법. —옮긴이

심리는 애초부터 이미 뒤집혀 있거든요."

나는 그녀에게 진심으로 한 말이라고 했다. 그녀는 자신이 아무것도 못한다고 스스로에게 말해왔지만 사실 침대에 누워 있는 것만큼은 누구보다 잘 해내고 있었다. 그녀에게 이로운 일은 아니었지만 부인할 수 없을 만큼 그 일에 전념하고 있었다. 대부분의 사람은 오랫동안 그것도 끊임없이 침대에 누워 있지 못한다. 나는 이렇게 설명했다. "적어도 당신이 잘하거나 꾸준히 하는 한 가지를 찾는 게 도움이 됩니다. 침대에 누워 있는 게 당신의 특별한 능력이에요."

그녀는 잠시 생각하더니 얼굴에 미소를 머금고 말했다. "제가 침대 누워 있기 전문가군요……. 그것도 최고의!"

"맞아요." 내가 말했다. "당신은 그걸 예술의 경지로 완성했어요."

이것이 결국 T를 새로운 삶으로 이끈 첫 번째 작은 발걸음이었다. 여러 달에 걸친 수많은 대화를 통해 그녀는 침대에 누워 현실을 도피하는 행위가 자신의 고통을 덜어주지 못했다는 사실을 깨닫기 시작했다. 그리고 이 경험을 통해 자신의 비소속성이 평생에 걸친 싸움의 결과가 아니라 실제로는 그 원인이라는 인식에 이르게 되었다. 또한 자신의 이런 면을 이해하고 받아들이는 법을 배우기 전까지는 결코 평안을 찾을 수 없다는 사실도 깨달았다. 한번은 그녀에게 (침대 말고) 자신을 행복하게 만드는 환경을 생각해볼 수 있는지 물었다. 그녀는 살면서 가장 좋았던 시절은 남태평양 섬으로 혼자 여행을 떠나 스쿠버다이빙을 하며 바다에서 수영하던 때라고 답했다.

내가 미국 북동부 "내륙에 갇힌 채" 살아갈 필요는 없다고 말했을 때, 그녀는 자신의 불행은 자기 안에 있어서 어디든 함께한다고 단언했다. 어디를 가든 주변 사람들이 자신을 평가하고 비판한다는 생각에서 벗어날 수 없다고 했다. 하지만 나는 그 말에 동의하지 않았다.

모든 이향인의 내면에는 저항 기질이 자리 잡고 있다. 이는 주입식 사상에 물들지 않도록 막아주는 일종의 방패로서, 이향인이 사회적 압력 앞에서도 진정한 자신으로 살아갈 수 있도록 해준다. 하지만 T처럼 엄격하고 타협 없는 가족에 의해 그 저항 기질이 짓눌린 경우, 세뇌되지 않는 특성은 삶을 더욱 힘들게 만든다. 이는 독실한 신앙 가정과 신앙 공동체 속에서 자랐지만 속으로는 신을 믿지 않는 사람이 겪는 경험과 비슷하다. 아무리 애써도 믿음이 생기지 않는 것이다. 기도하고 종교적 의식을 따를 수는 있지만 속으로 자신은 가짜라고 느낀다. T는 자신에게 눈에 띄는 '사회적 결함'이 없음에도 외부인이 된 데는 분명 어떤 개인적 결함이 있기 때문이고 그것을 극복할 방법을 찾아야 한다고 생각했다. 가족들의 눈에는 그녀가 결혼이나 출산을 거부하고 남태평양 섬에서 살고 싶어 하는 변덕스럽고 충동적인 사람으로 보였다. 그녀의 행동은 가족이 기대하는 삶을 살지 않겠다는 완강한 저항의 증거로만 여겨졌다. 그녀는 자신이 너무 상처 입어서 사람들과 제대로 어울리는 법을 배울 수 없다고 믿게 되었다. 그 생각은 감당할 수 없을 만큼 커져서 결국 그녀는 세상과의 모든 관계를 끊어버렸다.

그 후 1년가량 우리는 한 집단(이 경우에는 그녀의 가족)이 특정한 삶의 방식과 행동 방식에 합의한다고 해서 그것이 삶을 살아가는 유일하고 올바른 방법은 아니라는 것에 대해 함께 이야기를 나누었다. 그녀는 가까운 사람들이 무엇을 기대하든 꼭 거기에 따를 의무가 없다는 것을 이해하게 되었다. 주변의 모든 사람이 다르게 생각하더라도 자신만의 관점을 가질 권리가 있으며, 자신의 다름은 정신 질환도 도덕적 결함도 아닌, 그저 타고난 성향의 일부일 뿐이라는 사실을 깨닫게 된 것이다.

T와 같은 이향인들에게는 공동체 지향적 삶의 여러 기본 원칙들이 어렵고 심지어 당황스럽게 느껴진다. 예컨대, 축하 행사에는 반드시 많은 사람이 공개적으로 모여야 한다는 통념, 다수의 의견이 대체로 옳다는 믿음, 발전을 위해서는 팀워크가 중요하다는 관념, 진정성보다 인기가 더 중요하다는 생각, 그리고 '올바른' 행동 방식과 삶의 방식에 관하여 오랫동안 공유되어온 믿음과 전통이 보편적으로 가치 있다는 전제가 여기에 속한다.

세상의 통념과 이향인이 믿는 진실 사이에 이런 지속적인 어굿남이 생기는 까닭에 이향인은 겉보기에는 서로 관련 없는 여러 문제들을 복합적으로 겪곤 한다. T의 경우에는 이것이 고립 감, 우울, 삶에 대한 의욕 상실로 나타났고, 여기에 메스꺼움, 허리 통증, 가끔 복부가 심하게 뒤틀리는 통증 등 원인 불명의 여러 신체 증상도 함께 뒤따랐다. 하지만 이 중 어느 것도 객관적 소견으로 설명되지 않았기에 그녀는 신체 증상 장애somatic disorder 진단을 받았다. 즉, 그녀가 머릿속에서 신체 질환을 스스로 만들어내고 있다는 뜻이었다. 실제로 그녀가 호소한 모든 증상을 종합했을 때, 담당 의사들로서는 그녀의 병을 정신 질환으로 분류해버리고 싶은 유혹을 뿌리치기 어려웠을 것이다.

그렇게 담당 의사는 그녀가 "삶을 두려워하는 상태"라고 결론 내렸다. 하지만 그들 중 한 명이라도 그 두려움의 본질을 들여다보았다면 T가 실제로 두려워한 것은 공동체 지향적 삶 그 자체라는 사실을 발견했을 것이다. 그녀가 무엇보다 두려워한 것은 사회적으로 용인된 규범에서 조금만 벗어나도 자신이 결함 있는 존재처럼 느끼게 되는 그 순간들이었다.

분명히 하자면, 이향인이라고 해서 정신 질환을 앓지 않는다거나 다른 심리 문제를 겪지 않는다는 뜻은 아니다. 하지만 대부분 그들이 겪는 모든 어려움에서 공통으로 나타나는 핵심 요인은 비소속성이다. 이향인임이 밝혀지면 모든 것이 급속히 명확해진다. 실제로 T가 이향인이라는 사실을 확인한 뒤, 우리는 치료 방향을 새롭게 잡았다. 지금까지 모든 치료의 주된 목표는 그녀를 '공동체의 평범한 일원'으로 만드는 것이었다. 이는 이향인을 치료할 때 흔히 적용되지만 적절하지 않은 목표다.

사실 다양한 문제 상황을 다루는 심리 치료의 주된 목적은 자기 자신과 편안해지는 방법, 그리고 주변 환경 속에서 편안해지는 방법을 찾도록 돕는 것이다. 공동체 지향인들에게는 이 두 가지 목표가 대체로 조화를 이루며 때로는 상승 작용을 일으키기도 한다. 자기 자신에 대해 편안해지면 환경 속에서도 편안해지고, 그 반대도 마찬가지다. 하지만 이향인의 경우에는 두 영역이 종종 따로 움직인다. 진정한 자신을 받아들여 더 편안해질수록 사회적 환경에서는 오히려 더 불편해지는 것이다. 참여형 인간을 중심으로 설계된 사회에서 이향인이 진정한 편안함을 느끼기란 거의 불가능하다. 그러므로 치료의 목표는 그들을 억지로 '사회화'하는 방식이 아니라 개인적·정서적 안정감을 다루는 방식이어야 한다.

내가 T에게 모래와 바다색이 마음에 드는 섬으로 여행을 떠나보라고 제안했을 때, 1년 전 그녀가 내게 털어놓았던 오래된 두려움이 다시 고개를 들었다. "어디를 가든 나는 불행하다는 것만 확인하게 될 뿐이에요." 나 역시 그런 가능성이 걱정되었지만 그녀가 지금 처한 마비 상태를 깨뜨리려면 무언가를 해야 했다. 여기서 그녀가 이미 편안하다고 느껴본 곳보다 더 좋은 선택지가 어디 있겠는가. 그 무렵 그녀는 가족과 교류를 끊은 지 오래된 상태였기 때문에 집단의 평가를 두려워할 이유도, 자신의 계획을 정당화해야 할 압박도 없었다. 그런 의미에서 그녀는 많은 사람이 누리지 못하는 방식으로 자유롭게 선택할 자유가 있었다.

결정이 내려졌다. 정신과 치료에서 흔히 있는 일처럼, 치료의 핵심적인 변화는 이미 T의 무의식 속에서 일어나고 있었다. 덕분에 그녀는 어느 날 침대에 누워 있다가 다음 날 카리브해로 가는 비행기에 오를 수 있었다(남태평양보다 가까우면서 똑같이 마음을 진정시켜주는 효과가 있는 곳이었다). 행동할 순간이 찾아왔고, 그녀는 그 순간을 붙잡았다. 한 달간 머물 요량으로 숙소를 빌렸지만 결국 여섯 달을 지냈다. 그 후 T는 미국으로 돌아와 아파트를 팔고 그 섬으로 이주했다.

물론 여기서는 치료 과정의 핵심만 간략히 소개했을 뿐 전체 과정은 훨씬 복잡하고 우여곡절이 많았다. 하지만 그 모든 과정을 거치며 그녀는 깨달았다. 가족이나 친구 누구도 그녀가 카리브해 섬에서 다이빙 강사라는 소명을 찾은 것을 인정하지 않았지만, 그렇다고 그 선택이 무효가 되지는 않는다는 사실을 말이다. 그녀는 자신이 행복할 수 있는 삶을 찾아냈고 그것으로 충분했다.

이향인들도 다른 모든 사람과 마찬가지로 개인적 취향을 가지고 있다. 이를테면 어떤 이는 바다를 좋아하고 어떤 이는 산을 좋아한다. 문제는 T가 경험했듯이, 공동체적 활동에 대한 취향에서 차이가 극명하게 벌어질 수 있다는 점이다. 다른 사람들은 진심으로 즐기는 활동에 함께하지 못할 때 (혹은 진심으로 참여하지 못할 때) T 같은 사람은 자신의 판단을 의심한다. 이는 그녀에게 그랬던 것처럼 걷잡을 수 없는 자기 의심이나 행동 불능 상태까지 불러일으킬 수도 있다. '올바른' 삶의 방식을 규정하는 집단적 규범과 규칙이 지배하는 사회에서는 어쩌면 이향인 자신과 집단 둘 다 '옳을' 수 있다는 생각을 품기가 매우 어렵다. 물론 살아가고 행동하며 존재하는 방법은 한 가지가 아니다. 이향인의 방식은 잘못된 방식이 아니라 그저 또 다른 방식일 뿐이다.

그래서 이향인에게는 우리가 진부한 말이라 여기는 "있는 그대로의 당신도 괜찮다"를 받아들이는 일이 실로 중대한 전환점이 된다. 수많은 이향인들이 T처럼 평생 오해받고 종종 집단의 잣대에 따라 평가받으며 살아왔다. 그런 그들이 마침내 자기 존재에 아무 잘못이 없다는 깨달음에 이르게 되면, 그 경험은 진정 깊은 차원의 해방감을 선사한다.

행복해지기 위해 억지로 다른 사람이 되려고 애쓸 필요가 없다는 깨달음을 얻는 순간, 이향인은 자신을 괴롭히는 일에서 벗어날 자유를 스스로에게 허락한다. 그리고 그 결과로 진정한 자아가 활짝 피어난다. 이들은 개별적 관계 속에서 훨씬 더 끈끈하게 연결되는 법을 배우고, 친밀감을 느끼는 이들과 한층 깊고 다정한 관계를 누리게 된다. 세상이 본래 집단 참여자들을 위해 설계된 곳일지라도, 참여가 행복의 필수 조건은 아니라는 사실을 받아들이게 되는 것이다.

소속되어야 한다는 착각

9장

'연결'이 기준이 된 세상에서
나만의 고독을 지켜내는 법

아주 단순한 생물, 이를테면 아메바를 떠올려보자. 아메바는 우리와 같은 세상에 살지만 전혀 다른 경험을 한다. 특화된 감각기관도, 뇌도 없는 이 단세포 생물은 매우 단순한 삶을 산다. 다른 어떤 생물과도 관계나 유대가 없다. 미래에 대한 두려움도, 과거에 대한 기억도 없다. 그저 존재할 뿐이고 시간이 지나면 죽거나 두 개의 새로운 아메바로 나뉜다. 큰 뇌를 지니고 복잡한 사회를 이루어 살아가는 비인간 영장류조차도 무의식적이고 본능적인 수단을 통해 자신들의 사회적 세계를 이해한다. 그들 역시 무리를 이루고 서열을 형성하지만 신념이나 가치 같은 추상적 개념이 아니라 냄새, 외모, 소리 같은 표면적 단서를 통해 우리 편과 다른 편을 구분한다.

반면 인간은 사회가 어떻게 움직이고 그 안에서 우리가 어떤 위치에서 어떤 방식으로 자리 잡는지까지 고차원적으로 생각할 수 있다. 우리의 강점은 다른 어떤 동물과도 구별되는 특별한 정신적 능력, 즉 광범위하게 '의식'이라고 정의 내리는 것을 지녔다는 데 있다. 의식은 우리가 본능 너머의 생각을 할 수 있도록 해준다. 그리하여 우리는 다른 영장류처럼 공통된 신체적 특징을 기준으로 같은 편을 구분하는 대신, 우리가 선택한 취향이나 가치관, 이념을 바탕으로 집단을 형성한다.

의식은 또한 우리가 본능을 넘어서는 방식으로 행동하고 계획할 수 있도록 해준다. 여전히 본능대로 행동하면서도 "내가 지금 본능적으로 반응하고 있구나”라고 알아차릴 수 있는 것이다. 이 덕분에 인간은 고도로 발달한 행동 적응력을 갖추게 되었다. 다시 말해, 주변 사람들과 ‘어울리기’ 위해 행동을 조절할 수 있는 능력을 지니게 되었다. 이후 의식은 언어와 결합해 협력과 협업을 가능하게 하고, 수준 높고 구체적인 정보를 대규모 집단에 전달할 수 있도록 해주었다.

인간은 다른 사람이 어떤 순간에 어떻게 행동할지 결코 예측할 수 없어서, 제각각의 생각과 욕구를 지니고도 함께 살아남을 수 있는 복잡하고 정교한 방식을 발전시켜왔다. 예컨대, 사회적 관계 속에서 우리가 내리는 각각의 수많은 선택(그중 상당수는 서로 충돌하는)은 이론적으로는 서로 어긋나는 행동이나 갈등을 불러일으킬 수 있다. 그래서 인간은 어떠한 상황에서든 사회적 조화를 유지하기 위해 어떻게 행동해야 하는지를 알려주는 공통된 규범과 원칙을 만들어냈다. 사회 구성원으로서 자연스럽게 살아가기 위해서는 이런 규칙들을 익히고 일상생활에 스며들게 해야 하는데, 바로 이것이 사회화 기능이다.

집단 속에서 이러한 조직 원리, 즉 행동 기준을 서로 지키면 마찰이 줄어들고 함께한다는 감각이 생기게 된다. 하지만 이런 기준들에는 또 하나의 중요한 역할이 있다. 바로 우리가 순간순간 취할 수 있는 무수한 행동 선택지 중에서 가장 알맞은 것을 고를 수 있게 하면서, 동시에 타인과의 관계에서 어느 정도 ‘예측 가능성'을 확보해주는 역할이다.

　간단한 예를 하나 들어보자. 누군가 우리에게 물 한 잔을 달라고 했을 때, 우리는 다양한 선택지 가운데 하나를 택해 반응할 수 있다. 자리를 떠버릴 수도 있고, 그 사람 얼굴에 물을 뿌릴 수도 있고, 주기 싫다고 말할 수도 있다. 얼핏 터무니없어 보이는 예시지만 무엇이 적절한 행동인지에 대한 명확한 규칙이 없다면 우리는 기대되는 결과(목마른 이에게 물 한 잔 건네기)에 도달하기 위해 엄청난 양의 정보를 처리해야 할 것이다.

　이러한 조직 원리는 크게 보편적인 것과 지역적인 것으로 나뉜다. 먼저 보편적 조직 원리는 소속 집단이나 문화와 상관없이 모든 인간이 공유한다. 우리는 충동을 억제하고, 적절한 음량으로 말하며, 알아볼 수 있는 표정을 짓는 등의 행동을 한다. 이런 보편적 신호는 누구에게나 동등하게 적용되기에, 즉 모두가 이를 따를 거라고 전제하기에 우리는 익숙하지 않은 상황에서도 어느 정도의 예측 가능성을 확보할 수 있다. 모르는 사람이 내 얼굴에 물을 뿌리지 않을 거라고 비교적 확신할 수 있는 것도 그 때문이다. 사회에서 받아들여지려면 반드시 보편적 조직 원리를 따라야 한다. 그리고 그런 이유로 어른들은 아이가 어릴 때 또래에게 배척당하지 않게 하기 위해 이러한 기본 원리들을 비교적 빨리 익히도록 강요한다.

　한편 지역적 조직 원리는 특정 집단이 공유하는 관습을 말한다. 집단이 국적, 직업, (사회) 계급, 인종, 종교, 취미, 정치 성향, 그 밖의 어떤 공통된 정체성을 중심으로 결속하든 그 집단에는 고유한 불문율이나 명문화된 규칙이 있다. 하지만 이러한 집단의 구성원 자격은 상당히 유동적이다. 개인은 여러 집단을 오가며 그때그때마다 지배적인 원리에 따라 자기 행동을 수정하곤 한다(사회학자들은 이 현상을 '코드 스위칭code switching'이라고 부른다"). 새로운 집단에 들어갈 때는 이러한 지역적 원리를 빨리 익혀야 하는 반면, 보편적 원리는 우리가 어디에 있든 대체로 동일하게 유지된다.

만약 이러한 조직 원리가 없다면 우리는 사회적 상호작용을 할 때마다 쏟아지는 선택지의 폭격을 받게 될 것이다. 사회적으로 문제가 없는지 확실히 하기 위해 다른 사람들이 나에 대해 어떻게 생각할지 상상하며 과도한 감정적 에너지를 쏟아야 할 것이다. 그러다 보면 결국 모든 판단과 상호작용은 행동을 가로막을 정도의 의심에 휩싸이게 된다.

이향인은 대체로 보편적 원칙은 이해하는 편이다. 하지만 지역적 원칙을 파악하는 데는 자주 어려움을 겪으며 그런 이유로 종종 여러 난관에 부딪히곤 한다. 가장 큰 문제는 일상적인 상황, 이를테면 아침 출근길을 걷거나 동네 시장에 가거나 산책로나 공원을 거니는 일처럼 아무리 익숙하고 특별할 것 없는 상황이라 해도 집단이 존재하는 순간, 설령 그 집단이 낯익은 무리라 해도 그 안의 규칙이 이향인에게는 낯설게 느껴진다는 점이다. 여기에 더해, 집단 속에서 보조를 맞춰야 하는 상황에 놓이면 그들은 더 힘들어한다. 줄을 서서 기다리거나 붐비는 백화점에 드나들거나 인파를 헤치고 지나가야 할 때가 그 예다. 나는 이런 상황이 안무도 모르면서 무용단과 함께 공연에 나서는 것과 비슷하다고 종종 생각한다. 그저 불안한 눈빛으로 다른 단원들의 동작을 살피며 따라 하려고 애쓸 수밖에 없는 것이다.

이러한 조직 원리 덕분에 대부분의 사람은 겉보기에 별문제 없이 '정상적'으로 행동할 수 있다. 하지만 '정상적'이라는 게 과연 무슨 의미일까? 놀랍게도 이 세상에 무엇을 정상으로 간주해야 하는지에 대한 합의는 존재하지 않는다. 남들과 다르게 생각하는 사람들에게는 이 문제가 더욱 심각해진다. 정신의학에도 '정상'에 대한 명확한 정의가 존재하지 않기에, 결국 무엇이 그리고 누가 '비정상'인지 판단하는 일은 집단의 몫이 되어버린다.

내가 지금까지 접한 '정상'의 정의 가운데 가장 설득력 있었던 것은 다른 사람들에게 예측 가능한 존재가 되는 것이다. 사회적 계약이 제대로 작동하려면 모든 구성원이 서로 간에 일정 수준 이상의 '신뢰의 기준'을 충족해야 한다. 그리고 우리는 그 신뢰를 예측 가능성의 정도로 판단한다.

예측 가능성은 사회적 통합을 돕고 낯선 사람들 사이에서 생길 수 있는 긴장을 완화시키는 장치다. 그런 의미에서 유익하며 대체로 긍정적 효과를 낸다고 할 수 있다. 비록 다른 사람들이 우리의 생각을 읽거나 속마음을 미리 알 수는 없지만 우리는 그들이 기대하는 방식으로 행동함으로써 우리의 좋은 의도를 보여주려 노력한다.

이는 일상에서 이루어지는 대부분의 인간관계에도 그대로 적용된다. 다른 사람의 행동을 일정하게 예측할 수 있는 능력 덕분에 우리는 일상을 이어갈 수 있다. 그리고 그 과정에서 전혀 모르는 이들에게 목숨을 맡기기도 한다. 비행기 조종사, 건설 기술자, 의사, 횡단보도 앞에서 마주치는 운전자 등이 그 예다. 다른 사람이 만든 음식을 먹거나 음료를 마실 때마다 사실상 우리는 '극도의 신뢰 행위'를 수행하는 셈이다. 뒷받침할 아무런 근거도 없이 그 안에 독이 들어 있지 않을 거라고 가정하는 것이니 말이다(실제로 이런 신뢰는 대부분 타당하다. 이런 신뢰가 없다면 우리는 피해망상 속으로 빠져들고 말 것이다).

집단에 소속되려면 이처럼 사회가 승인한 행동 양식을 따라야 한다. 그래서 공동체 지향인들은 예측 가능하고 신뢰할 만한 존재로 여겨지지만 이향인은 의심이나 심지어 두려움의 대상이 되기도 한다. 비소속인이 무슨 생각을 하는지, 다음에 무슨 행동을 할지 알 수 없을 때 사람들은 불편해한다(물론 타인의 생각이나 다음 행동을 아는 것이 일반적으로 가능하지 않지만 말이다). 다수가 정한 사회적 대본을 따르지 못하는 사람은 타인의 신뢰를 얻기 어렵다.

이것이 바로 이향인들이 겪는 고충이다. 그들은 공동체의 목적을 위해 가장 내밀한 자기 정체성을 버리지 못한다는 이유로 불이익을 받는다. 집단의 생각이 힘을 가지려면 그 집단의 모든 구성원이 그 생각을 따르고 거기에 동의해야 한다. 이를 뒤집어 이야기하면, 현실을 개별적 경험으로 인식하는 사람은 그 집단이 공유하는 인식을 방해할 수 있고, 그것이 공동체 질서에 위협이 된다는 뜻이다. 이향인은 사교보다 고독을 선호한다는 이유로 이상하고 잘못된 존재 취급을 받는다. 자신이 항상 오해받고 심지어 불신의 대상임을 잘 아는 이향인들은 그래서 집단의 예절을 따르며 소속된 듯 보이기 위해 상당한 시간을 할애하곤 한다. 하지만 이런 사회적 대본을 따르다 보면 주변 사람들과의 일상적인 만남조차 견디기 어려울 만큼 괴롭고 지치는 일이 되어 버린다.

'정상적'이고 위협적이지 않아 보여야 한다는 사회적 압력이 쌓이면 이향인들은 자신의 본래 성향을 끊임없이 숨겨야 한다는 점에서 깊은 좌절감을 느낀다. 규칙을 따르고 예측 가능해 보이려고 애쓰지만 이런 가식을 오래 유지하기는 어렵다. 그들은 공동체적 행사에 대한 반감을 감추는 데 매우 능숙해서 그들과 진심으로 함께하고 싶어 하는 사람들에게서 종종 선의의 권유를 받는다. 하지만 가끔 이런 권유가 겉으로는 그들과 시간을 보내고 싶다거나 소외되지 않게 하려는 배려처럼 보일지라도 실제로는 집단의 정당성을 무의식적으로 확인하려는 시도일 수도 있다. 이향인은 대체로 대립을 피하고 갈등을 싫어하기 때문에 이런 권유에 상당히 쉽게 넘어가곤 한다. 하지만 본능에 반하는 행동은 십중팔구 부작용을 낳는다. 내가 아는 한 이향인은 혼자 가기 싫어하는 친구의 부탁에 못 이겨 고등학교 졸업 20주년 동창회에 참석하게 된 이야기를 들려주었다. 그녀는 마지못해 따라갔지만 파티가 시작되고 한 시간쯤 지나자 끝없는 잡담에 질려 아무도 눈치채지 않기를 바라며 뒷문으로 조용히 빠져나왔다. 그녀는 이렇게 회상했다. "애초에 가지 않았더라면 덜 죄책감을 느꼈을 텐데, 그렇게 빠져나오고 나니 오히려 더 죄책감이 들었어요."

이런 의무감은 내가 진료하는 이향인 환자들에게서 자주 목격되는 현상이다. 그중 한 명인 J는 심한 부담감에 짓눌려 있었다. 정이 넘치는 대가족 속에서 자란 그는 삶이 온통 사회적 의무에 매여 있다고 불평했다. 끝없이 이어지는 가족 행사에 참석하다 보면 종종 "내가 여기서 뭘 하고 있는 거지?"라고 자문하게 된다고 했다. 가족이 기념하는 어떤 일이 그에게는 거의 의미가 없을 때도 많았다. 그런 경험 중 하나를 떠올리며 그는 이렇게 말했다. "신랑은 거의 모르는 사람이에요. 서부에 사는 먼 사촌일 뿐이죠. 그런데도 샌디에이고까지 비행기를 타고 가서, 형편없는 호텔에서 주말을 보내고, 처음 보는 하객들과 대화거리를 찾으려고 필사적으로 애써야 했어요. 전 그런 행사들이 정말 싫어요."

J에게 이런 종류의 행사들은 꼭 해야 하는 의무처럼 느껴졌다(게다가 주말을 완전히 낭비하는 일이기도 했다). 그래서 우리는 의무를 두 가지로 나눠보기 시작했다. 필요한 의무와 불필요한 의무. 필요한 의무란 내키지 않지만 직업적으로나 가족을 위해 어쩔 수 없이 해야 하는 일들이다. 이를테면, 직장에서 지루하고 의미 없는 업무들 처리하기, 혹은 아이의 발표회에 참석하기 등이 있다. 반면 불필요한 의무란 하고 싶지도 않고 해야 할 필요도 없지만 사회적 압력을 느껴 억지로 하게 되는 일들이다. 주말을 끼고 며칠씩 이어지는 결혼식에 참석하기, 혹은 직장 동료들과 퇴근 후 사교 모임 갖기 등이 그 예다. 깊이 들여다보니 J를 지치게 했던 의무 중 대다수가 먼 친척의 결혼식처럼 사실은 불필요한 것들이었다. 그는 가족 구성원으로서 지켜야 할 의무이고, 가지 않으면 다른 사람들이 자신을 좋지 않게 볼 거라 여기며 마지못해 행사에 참석했던 것이다.

이런 두려움을 함께 다뤄보면서 J는 여가와 관련된 약속을 자신의 필요에 따라 선택해야 한다는 사실을 깨달았다. 이것은 사실 아주 단순한 일이다. 물론 어떤 이유로든 꼭 필요하다고 여겨지는 초대는 어쩔 수 없이 받아들여야 할 때도 있다. 하지만 사회적으로 당연히 '해야 하는 일'이기 때문에 마지못해 참여해야 하는 건 아니다. 참석한다고 해서 특별히 인정을 받지도 않는다. 그리고 참석하지 않을 때 벌어질 수 있는 최악의 상황이라 해봤자 몇몇 사람들이 당신의 '비사교성'에 대해 수군거리는 정도일 뿐이다. 하지만 신경 쓸 필요 없다. 그렇게 수군거리는 사람들이야말로 애초에 당신이 피하고 싶었던 사람들이니 말이다.

공동체 행사는 공동체 지향인들을 위해 존재한다. 많은 사람이 실제로 그런 자리를 즐기거나 최소한 불편하지는 않다고 느낀다. 하지만 이향인들에게는 그렇지 않다. 이향인에게 공동체적 여가 활동, 예를 들어 운동 수업에 참여하거나 대학 동창회에 가거나 크루즈 여행을 가는 일은 일종의 고문에 가깝다. 개개인의 존재를 무시하고 집단에 맞춰야 하기 때문이다. 회사에서 특별 프로젝트팀 혹은 위원회에 참가하거나 종교 행사에 참석하는 것 같은 엄격한 규칙을 따라야 하는 행사나 활동들은 이향인에게 더욱 힘든 일이다.

수년간 사교 행사에 어쩔 수 없이 참석한 결과, 나는 그런 자리에서 얻는 기쁨보다 들여야 하는 노력이 예외 없이 더 크다는 점을 깨달았다. 그럼에도 피할 수 없는 의무적 행사들에는 마지못해 참석하곤 하는데, 대부분 내 아이들과 관련된 일들이다. 한번은 딸이 다니는 학교에서 새 학년을 앞두고 열린 학부모 만남의 자리에 참석해야 했던 적이 있었다. 평소 그런 일을 담당하던 아내가 해외에 있었던 탓에 나는 딸을 위해 반드시 얼굴을 비춰야 하는 상황이었다.

　먼저, 모든 학부모가 강당으로 몰려 들어가 교장과 교사들의 이야기를 들어야 했다. 다들 흠 잡을 데 없이 친절했지만 아이가 같은 학교, 같은 학년에 다닌다는 이유만으로 서로 친밀감을 느끼는 집단 한가운데서 나는 마음이 편치 않았다. 피상적일 뿐만 아니라 여러모로 인위적인 결속이었는데 나로서는 이해하기 힘들었다. 행사 뒤 이어진 모임에서는 같은 경험을 공유했다는 이유만으로 사람들이 서로 교류하고 싶어 안달이 난 듯했다. 거기에 필수적으로 달아야 하는 이름표까지 있으니 나는 무차별적인 잡담의 먹잇감이 되고 말았다. 그 순간 사라지고 싶다는 생각이 들었고, 나는 실제로 그렇게 했다. 사람들을 마주칠 가능성이 적은 멀리 떨어진 화장실로 가서 마음을 진정시킨 것이다. 그러다 내가 이렇게 유치하고 괴상하게 굴어서 딸의 성공적인 학교생활에 어떤 식으로든 해를 끼치는 건 아닌가 하는 죄책감이 들기 시작했다. 그래서 다시 행사장으로 돌아갔는데, 문가에 서 있던 두세 명의 학부모가 나를 보며 반갑게 미소 지었다. 나와 '연결'되고 싶어 하는 눈빛이었다. 나는 몇 분쯤 버티다 적당한 핑계를 대고 다시 화장실로 달려갔다. 이제는 나 자신에게 화가 났다. 왜 나는 다른 부모들처럼 행동하지 못하는 걸까? 그날 저녁 내내 나는 사람들을 피해 도망쳤다가 다시 붙잡히고 또 도망치기를 반복했다. 마침내 행사가 끝나고 나는 기진맥진한 상태로 집에 돌아왔다. 처음부터 가지 않는 편이 더 나았을까? 아마 그랬을지도 모른다.

집단에 참여하지 않는 사람이 가장 먼저 해야 할 일은 자기 자신을 지키는 것이다. 필요하다면 선의의 거짓말을 보태서라도 정중하게 자리를 피해야 한다. J는 우리가 얘기했던 방식대로 자신의 진짜 마음에 따라 살기로 했고, 그 즉시 그의 삶은 훨씬 나아졌다. 놀라웠던 점은 주변 사람들에게는 실질적으로 아무런 변화가 없었다는 것이다. 그를 좋아하던 사람들은 여전히 그를 좋아했고, 좋아하지 않던 사람들은 계속 좋아하지 않았다. 나머지, 즉 애초에 관심이 없던 사람들은 그대로 무관심했다. 그리고 사람들이 아예 눈치채지도 못하는 경우가 태반이었다. 이향인은 타인의 존재에 매우 민감하기에 다른 사람들도 자신처럼 남을 의식한다고 착각하곤 한다. 하지만 실제로 공동체 지향인들은 개별 구성원의 존재나 부재보다 집단 전체에 훨씬 더 주의를 기울인다. 불필요한 사회적 모임에서 벗어나면 어떤 대가를 치를 것이라는 믿음은 사실 대부분 그저 우리 머릿속에서 만들어낸 환상일 뿐이다.

J 외에도 많은 환자들이 같은 방법을 시도했다. 그리고 아무도 별다른 불이익을 받지 않았다. 굳이 가고 싶지 않았던 자리에 더 이상 초대받지 않게 된 것 외에는 말이다. 이향인에게는 오히려 이상적인 결과인 셈이다.

그저 가지 않을 권리를 스스로에게 허락하는 것, 이것이야말로 이향인들이 억지로 맞추려는 스트레스를 줄이면서도 자신의 본모습을 존중하고 소중한 시간을 지킬 수 있는 가장 좋은 방법이다. 영국의 철학자이자 정치가인 존 스튜어트 밀John Stuart Mill은 이렇게 쓴 바 있다. "인간 본성을 위협하는 것은 지나친 개인적 충동과 선호가 아니라 그것들이 사라지는 것이다."

3부

이향인으로 산다는 것의 미덕

정서적인 자립

10장

그들은 철저한 고독 속에서 만족감을 느낀다

모든 인간은 태어나서 살다가 결국 홀로 죽음을 맞이한다. 이는 피할 수 없는 사실이다. 하지만 우리는 다른 사람들과 어울리면서 잠시나마 그 사실을 부정한다. 집단에 속해 있으면 공동체 지향인은 자신의 운명이 다른 사람들과 연결되어 있다고 믿을 수 있다. 하지만 혼자 있을 때는 자신의 운명이 본질적으로 고독하다는 사실을 떠올릴 수밖에 없고 대부분의 공동체 지향인에게 그것은 불편하고 심지어 받아들이기 힘든 현실이다.

반면 이향인은 운명을 함께 나눈다는 감각을 느끼지 않는다. 이향인에게 혼자 있음은 삶 전반에 걸친 자연스러운 상태라서, 오히려 고독 속에서 편안함을 느낀다. 그들은 반대로 집단 속에 있을 때 극심한 외로움을 느낀다. 그 불편함의 대부분은 자신에게 기대되는 역할에 맞춰 어울리려 애쓰는 데서 비롯된다. 이향인들에게 그런 연기는 극도로 소모적인 일이다. 함께 있어서 위안이 되고 즐겁다면 에너지를 쓰는 것이 의미가 있겠지만 이향인에게는 오히려 그 반대다. 그들은 집단 속에 있어도 안도감을 느끼지 못할 뿐 아니라 그 상황 자체도 즐겁지 않기 때문에 에너지를 이중으로 쓰는 셈이다. 하지만 이향인이 고독의 필요성을 깨닫고 받아들이고 나면, 집단의 기대에서 벗어나 자기 자신에게 집중할 수 있게 된다.

집단의 구성원은 다른 구성원들이 자신에게 호감을 느끼는지 아니면 불쾌함을 느끼는지 늘 의식하며 살아간다. 사람들은 거의 예외 없이 미움받기보다는 사랑받기를 원한다. 이는 아마도 어린 시절부터 우리 안에 자리 잡은 공동체 지향성의 결과일 것이다. 우리는 아주 어린 나이부터 양육자의 만족스러운 미소를 보며 그것이 음식, 안전 그리고 생존에 필요한 모든 것과 연결되어 있음을 배운다. 그렇게 우리는 태어날 때부터 지닌 본능적 자기중심성을 내려놓고, 기대에 맞게 행동하면 사랑과 인정을 보상받는다는 사실을 깨닫는다.

그러다 성인이 되면 상황은 더욱 복잡해진다. 다른 사람들과 어울리며 받아들여지고 싶고, 동료들의 인정을 갈구하며, 집단 내 다른 구성원들의 호감을 얻기 위해 끊임없이 '욕구의 조율'을 행해야 하기 때문이다. 이 모든 과정에서 대다수가 인식하지 못하는 더 큰 희생을 치르게 되는데, 바로 정서적 자립심을 서서히 잃어가는 것이다.

집단에 매이지 않는 이향인은 집단이 끌어당기는 힘과 자기 내면에서 발생하는 힘을 명확히 구분할 수 있다. 그들은 '틀린' 생각을 하거나 '잘못된' 감정을 느끼는 데 두려움이 없는데, 옳고 그름을 공동체의 기준에 따라 판단하지 않기 때문이다. 집단의 인정이 필요하지 않기에 그들은 태생적으로 자립이 가능한 존재다. 그래서 그들은 스스로를 비난하거나 혐오하는 일이 드물고, 다른 사람을 부끄럽게 하거나 죄책감에 몰아넣는 일도 없다.

자기 본능에 대한 신뢰

삶을 살아가는 과정에서, 이향인은 개인적 결정을 내릴 때 자기 자신을 믿는 법을 배운다. 그들은 자신이 어떤 사람인지, 자신의 삶을 가능한 한 즐겁고 알차게 만들기 위해 무엇이 필요한지 안다. 자신을 있는 그대로 바라보며 무엇을 잘할 수 있고 무엇을 잘하지 못하는지도 안다. 예를 들어, 직장에서 발표를 훌륭하게 해냈다면 그들은 그 사실을 스스로 안다. 자신이 어떻게 했는지 곱씹지 않고, 누군가가 잘했다고 말해주기를 기다렸다가 그 말이 진심인지 궁금해하지도 않는다. 이러한 자기 인식과 자립심은 이향인이 인생의 방향을 선택할 때 단호하고 주도적이며 자신감 있게 나아가도록 해준다.

소설가 프란츠 카프카Franz Kafka는 이향적 사고방식이 세상 속에서 어떻게 드러나는지를 뇌리에 남는 방식으로 그려냈다. 《심판》,《변신》,《성》 등의 작품에서 그는 어딘가에 소속되는 것이 본능적이고 '자연스러운 상태'로 여겨지는 세계를 그렸는데, 그 세계는 대개 집단에 섞이지 못해 박해받는 사람들이 느끼는 혼란스러운 시각을 통해 펼쳐지곤 했다.

하지만 동시에 카프카는 훨씬 부드러운 시선으로 소속형 인간의 사고방식이 지닌 광범위한 한계를 조명하기도 했다. 예를 들어, 단편소설 〈가수 요제피네 혹은 쥐의 족속Josephine the Singer, or the Mouse Folk〉*에서 그는 유명한 가수인 요제피네라는 쥐의 재능을 알아내려 애쓰는 쥐 사회의 이야기를 통해, 군집적 사고가 어떻게 작동하는지를 절묘하면서도 풍자적으로 묘사한다. 자자한 명성에도 불구하고 요제피네에게는 실제로 특별한 음악적 재능이 없다는 사실이 밝혀진다. 다른 쥐들과 마찬가지로 그녀 역시 특별한 것 없는 휘파람을 불고 있었을 뿐이었다. 요제피네가 고결한 가수로 여겨졌던 이유는 사회가 그녀를 숭배하기로 했기 때문이었다. 즉, 그녀가 특별하고 독보적이라는 믿음은 개인의 판단을 집단의 열광에 내던진 결과였다.

카프카는 집단의 규범에 굴복하는 이런 행태를 "끔찍하게 암울하고 고된" 쥐들의 삶이 낳은 당연한 결과로 그려낸다. 그들에게는 예술이나 음악 같은 고상한 취미에 쓸 여유도, 관심도 없기 때문이다. 한 마리의 쥐로서는 자신의 고통에서 벗어날 길이 없지만, 함께 모여 요제피네의 노래를 들을 때면 각자의 불행을 잠시 잊고 함께 즐거움을 맛볼 수 있다. 카프카의 표현을 빌리자면 "공동체에 기대어 하루하루를 살아가는 것"은 홀로 남겨지는 것을 두려워하도록 길러진 존재에게는 매력적인 제안이다.

공동체 지향인에게는 집단의 뜻에 따르는 일이 쉽고 동료 집단의 압력에 거스르는 일은 무척 어렵다. 하지만 이향인은 정반대다. 그 사실은 내가 치료한 한 이향인 여성의 사례에서도 분명히 드러났다. 그녀는 폭력적인 남편과의 양육권 분쟁에 휘말려

*
Franz Kafka, "Josephine the Singer, or the Mouse Folk," A Hunger Artist (Berlin: Verlag die Schmiede, 1924).

있었다. 사태가 점점 악화될 때도 그녀는 싸움을 이어갔다. 변호사와 친구들, 가족들은 누가 봐도 그녀가 옳다며 끝까지 뜻을 굽히지 말라고 부추겼다. 그들은 남편을 상대로 한 이 소모전이 그에게 '본때를 보여주는' 일이라고 덧붙였다. 그녀의 어머니는 계속 "너를 죽이지 못하는 것은 오히려 너를 더 강하게 만들 거다"라고 말했지만, 그녀는 내게 이렇게 털어놓았다. "전 더 강해지고 있는 것 같지 않아요. 오히려 반대죠. 이 싸움은 저를 갉아먹고 있어요."

나는 그때 비슷한 상황에 놓인 이향인 환자들에게 내가 늘 하는 조언을 똑같이 해주었다. "그냥 손 떼고 나오세요. 돈도 복수도, 당신 마음의 평화보다 소중한 것은 없습니다." 이향인의 우선순위 목록에서 마음의 평화는 늘 높은 자리를 차지한다. 그들은 타인에게 해로운 영향을 미치는 행동을 용납할 수 없고, 갈등과 대립을 뼛속 깊이 혐오한다. 굴복하기보다는 애초에 싸움에 끼어들지 않기를 택하는 경우가 대부분이다. 경쟁심이 없어서 이기고 지는 것은 그들에게 중요하지 않다.

그녀는 엄청난 안도감을 느끼며 내 조언을 따르기로 했다. 이는 그녀가 재판에 대해 느끼던 감정과도 일치했다. 예상대로 가족과 친구들은 그녀의 결정에 실망했고 변호사는 그녀가 중대한 실수를 저지르고 있다고 생각했지만, 그녀는 자신의 마음이 이끄는 대로 행동하며 그들의 조언을 따르지 않았다. 결국 그녀는 전남편에게 굴복해서 나약해진 것이 아니라 자신의 신념을 지키고 정신 건강을 우선시한 덕분에 강해졌다고 느끼며 그 상황에서 벗어날 수 있었다.

스스로 선택한 고독이 주는 안도감

카프카는 자신의 일기에 이렇게 썼다. "고독은 언제나 나를 지배하는 힘을 발휘한다. 겉으로 드러난 자아는 잠시 흩어지고 그 속에 감춰진 더 깊은 내면이 드러날 준비를 한다. 내가 스스로 고독을 선택할 때, 내면이 조금씩 질서를 찾기 시작하며 나는 그 외에는 아무것도 필요하지 않다."

이향인이 진정한 본모습으로 돌아갈 때 느끼는 안도감과 만족감을 이보다 더 잘 표현할 수는 없을 것이다.

공동체 지향인들은 홀로 있을 때조차 집단으로부터 완전히 분리되지 않는다. 물리적으로는 떨어져 있어도 여전히 집단의 영향을 받기 때문이다. 반면 이향인은 혼자일 때 철저히 혼자다. 자기 생각을 다른 사람의 생각과 비교하지 않고, 자기 행동이 사회적으로 받아들여질지 고민하지 않으며, 다른 사람들이 지금 무엇을 하고 왜 자신이 그 자리에 끼지 못했는지 따지지도 않는다. 이렇게 외부의 압력에서 벗어난 덕분에 그들에게는 독창적이고 참신한 아이디어를 떠올릴 마음의 여유가 생긴다.

앞서 살펴보았듯, 참여자들에게 보상이 돌아가는 세상에서 이향인으로 산다는 것은 매우 어려움이 따르는 일이다. 하지만 다행히도 이런 어려움은 이향인이 지닌 강점 앞에서는 별것 아니다. 카프카는 고독 속에서 자신의 가장 창의적인 작품들을 써 냈다. 그는 그곳에서 "자신 안의 거대한 세계"에 닿을 수 있었다. 하지만 동시에 그는 자신의 내면 세계에 머문다고 해서 그것이 반드시 세상과의 단절이나 소외로 이어지지는 않는다는 사실을 이해했다. 또한 자신의 내면 세계가 대부분의 이향인이 이르게 되는 충만하고 행복하며 생산적인 삶을 설계하는 길잡이로 인정되고 받아들여질 수 있다는 점도 깨달았다.

이러한 정서적 자립은 비소속성이 주는 위대한 선물 중 하나이지만 그것만이 전부는 아니다.

질적으로 풍요로운
인간관계

11장

겉으로 친한 친구가 아닌
진정한 우정을 나누는 사람

이향인은 결코 사람을 싫어하지 않는다. 사실 이향인에게 사람은 매혹적인 존재다. 그래서 이향인은 비록 집단 전체와는 친밀감이나 소속감을 느끼지 못하더라도, 집단을 이루는 개개인과는 일대일로 유대를 형성할 수 있다(앞서 살펴본 것처럼 이것이 이향인이 내향인이나 외톨이, 혹은 자폐 성향을 지닌 사람과 다른 점 중 하나다). D. H. 로렌스D. H. Lawrence는 이향인의 이런 성향을 다음과 같이 묘사했다. "진정한 의미에서 타인과 어울릴 줄 아는 사람만이 우주에 홀로 있는 듯한 분위기를 풍긴다. 그렇지 못한 이들은 남들에게 질척거리며 군중 속에 묻어갈 뿐이다."

우정에 있어서 이향인은 양보다 질을 중시한다. 그들은 집단이 어떻게 집단적으로 사고하는지 이해하지 못하고, 직장이나 공동체 사회의 생태계에 잘 어울리지 못한다. 게다가 여럿이 함께하는 활동에서 느끼는 즐거움이나 공동체 지향인들이 편안해하는 다정한 분위기도 이해하지 못한다. 그럼에도 아주 가까운 친구 한두 명, 그리고 평생 파트너 한 명이면 연결과 동반에 대한 이향인의 욕구는 충족될 수 있다.

공동체 지향인은 겉으로만 친한 친구일 때가 많다. 즐거울 때는 함께하지만 정작 꼭 필요할 때는 곁에 없기 십상이다. 반면 이향인은 친구가 그들을 원할 때 언제나 곁에 있어주며 보답을 바라지 않는다. 또한 이향인은 공동체 지향인들이 자연스럽게 터득하는 눈치 싸움이나 심리전을 할 줄 모르기 때문에, 그들의 진심을 의심할 이유가 없다. 그들이 친절하고 관대한 모습을 보이는 이유는 오로지 남을 도우면서 느끼는 보람 때문이다.

'스몰 토크'가 아닌 '진짜 이야기'를 한다

이향인은 호기심이 많고 다정한 편이라 비교적 짧은 만남에서도 사람들과 깊은 대화를 나눌 수 있다. 사실 이것이 그들이 아는 유일한 소통 방식이다. 그런 까닭에 이향인들은 스몰 토크를 견디지 못한다. 잡담의 사회적 기능을 처음으로 연구한 인류학자 브로니스와프 말리노프스키Bronislaw Malinowski는 잡담을 "목적 없이 호불호를 표현하거나 무관한 일들에 관해 설명하거나 누구나 아는 일을 두고 하는 말들"이라고 묘사한 바 있다.

사람들은 대부분 침묵을 몹시 불편해한다. 특히 모르는 사람과 함께 있을 때는 더욱 그렇다. 그래서 많은 이들이 표면적인 친밀감만 형성하고 의미 있는 소통의 기반은 마련하지 못하는 잡담으로 그 공허함을 메운다. 반면, 이향인은 같은 이향인인 내 친구 L의 표현을 빌리자면, '진짜 이야기'로 바로 뛰어든다. 낯선 사람과 우연한 만났을 때도 L은 매우 친근하고 따뜻하게 대한다. 그러면 상대방은 흔한 잡담에서 느끼기 힘든 어떤 연결감을 그에게서 느끼고, 심지어 다시 만나자고 제안하며 관계를 이어가려 하기도 한다. L이 정중히 거절하면 상대방은 그 따뜻한 친근함이 우정으로 이어지는 신호(이향인이 친구라고 여기는 기준은 상당히 높다)가 아니라 즐거운 대화 그 이상도 그 이하도 아니었음을 깨닫게 된다. 그러면 어떤 이들은 자신이 왜 신호를 잘못 읽었는지 당황해하고, 또 다른 이들은 이를 모욕이나 배신으로까지 여기고 화를 내며 반발한다.

L이 선호하는 대화 상대는 잡담을 건너뛰려는 그의 의도를 알아차리고 함께 깊이 있는 이야기로 곧장 뛰어드는 사람들이다. 하지만 이향인은 깊은 대화를 나눴다고 해서 반드시 깊은 관계로 발전시켜야 한다고 생각하지 않는다. 대화는 그 자체로, 의견과 관점을 진솔하게 주고받는 일로 충분히 즐길 수 있는 것이다.

공동체 지향인들은 예의를 지키는 대화를 위해서는 잡담이 꼭 필요하다고 여기게 되었다. 피상적인 대화를 나누지 않더라도 상대방을 호의적으로 대할 수 있음을 이해하는 사람은 이향인뿐이다. 내 동료는 1세대 이민자이자 이향인인 자신의 어머니가 미국에 살면서 상점 점원이나 낯선 사람과 주고받는 터무니없는 인사말(그녀의 어머니가 보기에는 그렇다는 뜻이다)에 익숙해지기까지 10년 넘게 걸렸다고 회상한다. "저 사람이 오늘 내 기분이 어떤지 왜 묻는 거지? 나를 전혀 모르는 사람인데." 그녀의 어머니는 식료품점의 친절한 계산원의 귀에 들리지 않을 거리가 되면 이렇게 투덜대곤 했다.

잡담뿐 아니라 이향인은 집단이 임의로 중요성을 부여한 모든 사회적 의식에서 부조리를 느낀다(일반적으로 말하자면 프랑스의 철학자이자 작가인 알베르 카뮈Albert Camus가 삶 자체를 부조리하다고 본 관점은 이향인의 세계관과 매우 잘 맞아떨어진다). 예를 들어, 오페라 공연장이나 전위예술 전시회장처럼 사람들이 인위적인 진지함이나 과장된 자의식을 드러내는 장소는 이향인에게 민망하기 그지없는 공간이다. 그들은 집단 구성원들 사이에 '이 순간은 엄숙한 순간이며 모두가 자신의 역할을 해야 한다' 같은 암묵적 합의가 존재하는 의식이나 행사에는 참여할 수 없다. 집단이 중요하다고 정했기 때문에 어떤 의식이 중요하다는 그 논리를 이향인은 이해하지 못한다.

유대교에는 이런 흥미로운 이야기가 전해 내려온다. 한 마을의 바보가 욤 키푸르* 예배에 너무 감격한 나머지, 랍비가 쇼파르**를 불려는 순간 두 손가락을 입에 넣고 크게 휘파람을 불어버렸다. 회중은 경악했고 당황한 그를 꾸짖기 시작했다. 하지만 랍비가 말했다. "아닙니다. 그를 내버려두십시오. 그가 휘파람을 분 것은 그게 자신의 종교적 열정을 표현하는 방법이기 때문입니다. 사실, 그의 진실한 행동으로 천국의 문이 열렸으니 올해는 우리가 쇼파르를 불 필요가 없군요." 이향인은 의식에는 본질적인 의미가 없고 우리가 집단적으로 부여한 만큼의 의미가 있을

---

*
유대교에서 가장 중요한
속죄일로, 참회와 금식의
날이다. —옮긴이

**
양의 뿔로 만든 나팔로, 유대교
의식에서 사용된다. —옮긴이

뿐이라는 사실을 꿰뚫어보는 사람이다. 또한 그 의미를 표현하는 '올바른' 방식이 있다고 가정하면 오히려 그 의미가 축소된다는 사실도 잘 안다. 이향인은 자신의 신념과 감정에 아주 충실하지만 오직 스스로가 적절하다고 느낄 때, 자신만의 방식으로 그것을 드러낸다.

유머와 카리스마

자신들이 보기에 '쓸데없이 진지한 것'을 견디지 못해, 이향인은 종종 우스꽝스럽게 굴거나 농담을 즐기곤 한다. 그래서 어떤 경우에는 이것이 진지한 대화를 망치거나 엄숙한 순간을 존중하지 않는 태도로 비칠 때도 있다. 반대로 어떤 경우에는 꼭 필요한 순간에 신선한 가벼움과 해방감을 불어넣어주기도 한다. 언제나 참여자라기보다는 관찰자로 살아가는 이향인은 일상에서 부조리를 포착하는 감각이 특히 뛰어나며, 이는 유머의 훌륭한 소재가 된다.

이향인은 일상의 부조리함을 소재 삼아 스탠드업 코미디언 못지않게 사람들에게 큰 웃음을 선사할 수 있다. 비록 웃음의 대상이 된 이들이 내일이면 다시 예전처럼 똑같이 행동할지라도 말이다. 그럼에도 이향인은 절대 '약자를 공격하는' 유머는 구사하지 않는다. 기성 규범이나 권력 구조를 희화화할 때도 있지만, 주로 자기 비하적 유머로 자신을 조롱하며 메시지를 전달하는 쪽을 선호한다. 이것이 바로 그들이 공감과 매력을 동시에 갖춘 유머를 구사하는 방식이다.

삶에 대한 자신감과 만족

12장

외부의 인정에 휘둘리지 않고
내 삶의 주도권을 쥐는 법

이향인은 공동체 지향인들처럼 누군가의 허락이나 승인, 인정이나 찬사를 필요로 하지 않는다. 자신의 결정이나 행동의 정당함을 누구에게도 설득할 필요가 없는 그들은 불필요한 대화나 방해 요소에서 자유롭다. 또한 끊임없이 사람들에게 잘 보이려는 욕구에 지배받지 않기 때문에, 명확한 경계를 설정해 자신의 정신적 에너지와 시간을 지킬 수 있다. 그들은 어떤 일이 사소하고 어떤 일이 의미 있는지를 스스로 결정하는 사람들이다. 그리고 두 가지 모두를 위해 시간을 낼 줄 안다.

지위란 언제나 사회적 집단 안에서 다른 사람과 비교하여 측정되는 것이다. 그러나 이향인은 그런 집단에 매여 있지 않아서 자신의 선택이나 생활 방식, 소유물의 가치를 남과 비교해 가늠하지 않는다. 이는 곧 이향인들이 '소외될까 봐 두려워하는' 심리 없이 살아간다는 뜻이기도 하다(1장에서 언급한 십 대 소년 A의 이야기를 떠올려보라. 그의 어머니는 아들이 사회적 경험을 놓치고 있다며 지나치게 걱정했었다). 이향인의 결정은 외부의 영향을 받지 않는 온전히 자신만의 것이라서, 그들은 그 선택에 충분히 만족한다. 또한 외부의 인정 없이도 있는 그대로의 자신을 받아들이고 편안함을 느낄 수 있다.

집단의 찬사를 얻는 데 무관심했던 태도는 카프카가 자신의 문학적 소명을 대했던 담백한 방식에서도 잘 드러난다. 인류 역사상 가장 위대한 문학계의 거장 중 한 명이 자신의 작품을 출판하거나 세상에 알리는 데 관심을 거의 두지 않았다는 사실은 많은 점을 시사한다. 카프카는 유언으로 자신의 글을 사후에 모두 파기해달라고 부탁했을 정도였다. 그의 친구이자 유언 집행자였던 막스 브로트Max Brod가 그 뜻을 거스른 것은 인류에게는 큰 공헌이었지만 카프카의 의도에는 반하는 일이었다. 카프카는 인정받기 위해 글을 쓴 것이 아니라 단지 쓰고 싶어서 썼을 뿐이다.

이향인은 소외 불안 심리가 없고 지위를 드러내는 표식들에도 무심한 까닭에 대체로 다른 이들의 경제적 성공을 부러워하지 않는다. 주위 사람과 생활 수준을 비교하며 뒤처지지 않으려 애쓰지도 않고 자신에게 없는 것을 탐내지도 않는다. 그들에게 돈을 버는 일은 안전장치, 즉 목표라기보다 삶을 편하게 만드는 수단이라서 집단과는 사뭇 다른 경제적·직업적 우선순위를 갖기도 한다. 그래서 이향인이 단순히 돈을 벌기 위해 일을 할 경우에는 대체로 불행하고 성공적이지 못하다. 하지만 재능과 동기에 맞게 직업을 선택하면 오히려 경제적으로 성공하고 일에서 큰 만족을 얻는다. 또한 그들은 불필요하다고 느끼는 것을 얻기 위해 자신의 생활 방식을 희생하는 일도 거의 없다.

그렇다고 해서 이향인이 반드시 금욕적이거나 검소하다는 뜻은 아니다. 자신에게 필요한 것과 불필요한 것을 명확히 구분하기 때문에 소유하는 물건의 범위가 좁고 선별적이지만, 사치를 즐기는 이향인들도 많다. 그것이 대중으로부터 거리를 둘 수 있는 수단이 된다면 특히 더 그렇다. 예컨대 내가 아는 한 이향인은 전반적으로 소박한 생활을 하지만, 비행기를 탈 때만큼은 늘 일등석 표를 사며 돈을 아끼지 않는다. 그녀가 엄청난 추가 비용을 기꺼이 내는 이유는 다리를 뻗을 수 있는 공간이나 코스 요리가 아니라 다른 사람들과 거리를 두고 조금이라도 더 많이 자기만의 공간을 확보하기 위해서다.

자기 삶의 궁극적 권위자

이향인은 자신이 알지 못하는 분야의 지식을 갖춘 전문가의 조언은 받아들인다. 하지만 자기 자신에 관해서는 이미 필요한 정보를 모두 갖고 있기에 어떤 조언도 받아들이지 않는다.

어딘가에 속하려는 우리의 욕구는 종종 자기 자신을 깎아내리지 않고 북돋우는 방식으로 세상과 관계 맺으려는 욕구와 대립하곤 한다. 막강한 영향력을 지닌 집단에 속하게 됐을 때 자신을 지워버리거나 최소한 자신의 진짜 욕망과 집단이 원하는 것 사이에서 혼란을 겪게 되는 것이다. 자기 삶과 인간관계를 책임지려면 집단의 필요를 고려하되, 집단의 일방적인 목소리에 휩쓸리지 않는 강한 내적 자아가 있어야 한다. 대부분의 사람은 이런 자아를 발견하고, 자신이 원하고 필요로 하는 것과 공동의 관심사, 열정, 일을 통해 얻는 즐거움과 정서적 지지 사이에서 균형을 맞추는 법을 배우며 흥미를 느낀다.

하지만 어떤 사람들은 너무 오랫동안 개인적 욕구를 생각해보지 않은 탓에 자신이 진정으로 원하는 것과 집단의 암묵적인 요구 사항을 구분하지 못하기도 한다. 다양한 가치가 공존하는 우리 사회에서 소속감을 유지한다는 것은 자신의 선택이 집단의 욕구와 더 잘 맞아떨어지도록 끊임없이 조율해나가는 과정을 의미한다. 하지만 개인과 집단의 경계가 흐려지면, 자신이 원하는 것과 집단이 원하는 것을 구별하는 능력도 함께 사라진다.

내 환자 S의 경우가 바로 그랬다. 그녀는 나의 조언 일부를 받아들여 은퇴자 공동체에 들어가기로 했다. 그녀는 최근에 남편과 사별하고 두 자녀는 각각 가족과 함께 약 4,800킬로미터 떨어진 곳에 살고 있던 터라 거처를 옮기기로 결심했다. 그녀는 공동체 생활이라는 발상을 긍정적으로 받아들였다. 늘 사교적이고 붙임성 있어서 적응하거나 친구를 사귀는 일에 걱정이 없었다. 그녀는 고급 게이티드 커뮤니티(외부인 출입 통제 단지)를 선택했다. 그곳에서는 자기만의 집을 가질 수 있었고 공간도 자녀와 손주들이 찾아와 머물 수 있을 만큼 넉넉했다. 나라면 매우 다른 선택을 했겠지만 "잘못될 일이 뭐가 있겠어요?"라고 말하는 낙관적 태도를 보며 그녀가 올바른 결정을 내렸다고 믿게 되었다.

　　그로부터 약 석 달쯤 후, 그녀는 울먹이며 나에게 전화를 걸어와 "여기서는 도저히 못 살겠어요"라고 말했다. 알고 보니 그녀가 새로 이주한 공동체는 함께함을 무엇보다 중요하게 여겼다. 고립되기 쉬운 노인들을 돌보기 위한 곳이었으니 어찌 보면 너무도 당연한 일이었다. 그러다 보니 모든 일과는 단체 활동으로 채워졌다. 식사 모임, 독서 클럽, 요가 수업, 그 밖의 여러 사교 모임이 이어졌다. 문제는 이런 활동에 참여하라는 강요가 숨 막힐 정도였다는 것이다. 그곳에서는 누구도 혼자 집에 있지 않게 하려고 서로가 서로에게 참여 압력을 가했다. 게다가 그녀가 과부라는 이유로 이웃들은 그녀가 남자를 만나고 싶을 거라고 짐작해 끊임없이 다른 홀아비들을 소개해주었다. 그녀는 "이곳은 살아 있는 지옥이에요"라고 표현했다. "가장 괴로운 부분은 제가 어떤 활동에도 참여하길 꺼리는 걸 사회적으로 위축되었다는 신호로 받아들여서 나를 공동체에 '융화'시키려는 노력을 두 배로 늘린다는 거예요." 그녀는 공동체 사람들이 모두 친절하고 선의에서 그런다는 점을 잘 알고 있었다. 하지만 그녀는 그들이 자신과는 다른 방식으로 함께함을 중요하게 여긴다는 사실을 깨달았다. 그녀는 대도시에서 혼자 누릴 수 있었던 자유를 이 의무적 공동체 생활과 맞바꾼 데 후회했다. 다행스럽게도 내놓은 아파트가 팔리기 전이라 그녀는 재빨리 매물을 거둬들였고, 그 덕분에 이주 결정을 다시 고민할 시간을 벌 수 있었다. 그래도 한 가지는 분명했다. 개인과 집단의 경계를 구분하지 못할 정도로 함께 있는 데 익숙한 사람들로 둘러싸인 그 게이티드 커뮤니티로는 절대 돌아가서는 안 된다는 사실이었다.

공동체 지향인들은 함께 있는 것에서 개인의 주체성 상실을 보상받을 만큼 충분한 기쁨을 얻는다. 하지만 자아와 타인 사이의 경계가 절대 흐려지지 않았던 S 같은 이향인에게는 그렇지 않다.

이향인은 모든 책임과 결정을 자기 몫으로 받아들인다. 그래서 부정적 결과나 나쁜 기억을 최소화하려는 태도가 몸에 배어 있다. 그러한 태도는 곧 스스로 이해할 수 있는 합리적 선택으로 이어진다. 예컨대 나는 좁은 시골길 산책을 좋아하는데, 걸을 때 운전자들이 나를 확실히 볼 수 있도록 늘 특별히 주의를 기울인다. 나로서는 운전자가 당연히 자신을 보고 있을 거라고 생각하는 사람들의 태도를 도무지 이해할 수 없다. 낯선 사람들에게 내 생명이나 안전을 맡기지 않으려는 마음은 내가 위험을 피하도록 만들지만 동시에 내적 평온을 제공하기도 한다.

또한 자신의 삶을 스스로 책임지는 만큼, 이향인은 집단이 활용하는 현실 검증 방식을 빌려 관점이나 취향을 형성하지 않는다. 다른 이들에게는 자명해 보이는 것이 이향인에게는 전혀 자명하지 않을 수 있고, 그 반대의 경우도 마찬가지다. 사회적 유행에 흔들리지 않는 이향인은 대체로 자신만의 생활 방식을 만들어 그것에 충실하게 산다. 그들은 소비주의적 압력, 광고, 별점 평가 또는 집단적 취향을 형성하는 기타 일반적 순위 매기기와 평가 방식에 휘둘리지 않는다. 또한 그들이 보기에 말이 되지 않는 사기나 유행 치료법(설령 자격을 갖춘 의사가 추천한다고 해도)에 넘어가는 일도 드물다.

이향인들은 집단의 의견에 의존하지 않고 무엇이 타당한지 스스로 판단하기 때문에 모든 정보는 반드시 그들 머릿속에 있는 '합리/비합리' 필터를 통과해야 한다. 그리고 이런 메커니즘은 일상에서 마주치는 거의 모든 상황에서 주된 기준으로 자리 잡는다. 그래서 이향인들은 보통 사람들보다 정보를 소화하는 데 시간이 더 걸리지만 이런 과정 덕분에 시사나 문화, 그 밖의 모든 것에 대한 다수의 견해를 수동적으로 흡수하는 대신, 자신이 이해하고자 하는 바에 따라 의견을 형성할 수 있다.

대부분의 사람들은 직장 동료와 상사, 친구와 이웃, 때로는 가족에게조차 자신이 어떻게 비칠지 걱정하며 시간을 허비한다. 그뿐만 아니라, 소중한 정신적 에너지의 상당 부분을 이 상황에서 무엇이 적절한 행동이고, 어떤 말이 옳으며, 누구와 대화해야 하는지를 사회적 예법에 맞춰 따져보는 데 쏟아붓는다. 존 레논 John Lennon은 이러한 점을 꼬집으며 다음과 같은 유명한 말을 남겼다. "인생은 당신이 다른 계획을 세우느라 바쁜 와중에 당신에게 일어나는 일이다." 반면 이향인은 그런 사회적 규범들에 얽매여 시간과 에너지를 낭비하는 일이 거의 없다. 이향인은 다른 계획을 세우거나 남의 계획을 궁금해하느라 바쁘지 않다. 그들은 지금, 이 순간을 온 힘을 다해 살아간다.

시간을 주도적으로 관리하는 데 익숙한 이향인은 그런 이유로 통제할 수 없는 상황에서는 상당히 조급함을 느낀다. 다른 사람들은 인생의 일부라 여기며 마지못해 받아들이는 특정한 불편함, 특히 집단 심리적 행동으로 발생하는 불합리한 상황을 이들은 견디지 못한다. 예컨대 접촉 사고를 구경하려는 다른 운전자들로 인해 생기는 교통 체증, 필요한 서류를 챙겨 오지 않은 사람들 때문에 끝도 없이 늘어진 차량 등록국DMV의 대기 줄, 혹은 보안 검색대에서 소란을 피운 승객들 탓에 비행기를 놓치는 경우 등이 그렇다. 나는 개인적으로 무엇을 위해서든 자발적으로 줄서기를 선택하는 사람들을 이해할 수 없다. 공동체 지향인들에게는 긴 줄, 이를테면 콘서트 표를 사기 위한 줄이든, 인기 레스토랑의 대기 줄이든, 새로운 미술 전시회의 개막을 기다리는 줄이든 모든 줄은 기다릴 가치가 있는 무언가를 의미하는 신호다. 반면 나 같은 이향인에게 그것은 그저 시간 낭비로밖에 느껴지지 않는다.

야구공을 한 번도 손에 쥐어본 적 없던 이민자 아버지로서, 나는 아들이 어릴 때 미국 아이들에게 일종의 통과의례로 여겨지는 일을 해줘야겠다고 생각했다. 바로 디즈니랜드에 데려가는 것이었다. 우리는 악명 높은 긴 대기 줄을 피하고자 VIP 표를 샀지만 기쁨에 찬 다른 아이들이 놀이기구를 타기 위해 훨씬 더 오래 기다려야 할 것을 생각하니 죄책감이 들어 차마 그 표를 쓰지 못했다. 30분 후, 당시 네 살이었던 아이가 말했다. "아빠, 지금 나가도 우리 디즈니랜드에 갔다 왔다고 말할 수 있잖아요." 나는 크게 안도하며 아들의 말을 따르기로 했다. 우리는 그날, 성취감을 안고 디즈니랜드를 나섰다.

집단 밖에서 생각하는 힘

13장

모두가 옳다고 말할 때
틀렸다고 말할 수 있는 용기

1990년대 초, 나는 맨해튼의 마운트 시나이 병원에서 조현병 병동을 총괄하게 되었다. 이 병동은 장기 입원 환자들을 담당하는 주립 정신병원과 연계되어 있었다. 그곳에는 이른바 '치료 무반응자'가 많았는데, 치료에 반응하지 않아 결국 평생을 이 병원에 갇혀 지내게 된 환자들이었다. 나는 그들의 비참한 처지가 매우 안타까웠고, 매주 한 차례 그 주립 정신병원을 찾아가 치료 재평가를 원하는 환자가 있는지 확인하곤 했다.

그곳의 환자들 대부분은 절망에 빠져 호전될 수 있다는 가능성을 포기한 상태였다. 그중 상당수가 환각과 망상에 시달리고 있었는데, 이는 제대로 된 동의 절차를 밟을 수 없을 정도로 심각한 상태라는 뜻이었다. 당시 이들이 치료에 반응하지 않는 이유에 대한 지배적인 견해는 '체질적으로 다르기 때문'이라는 것이었다. 이런 이유로 우리는 뇌 구조상의 차이, 대사 문제, 또는 약물 작용에 영향을 미치는 다른 요인이 있는지 등을 조사했다. 하지만 대부분의 환자에게서 아무런 단서를 발견하지 못했다.

그 환자들을 직접 접하며, 혹시 나와 동료들이 잘못된 인식 틀 속에 갇혀 있는 건 아닐까 하는 의구심이 점점 나를 짓누르기 시작했다. 어쩌면 정신과 환자의 20퍼센트가 치료에 반응하지 않는 이유는 그들에게 문제가 있어서가 아니라 치료법이 잘못되었기 때문일지도 몰랐다. 즉, 그들은 치료받고 있는 질환과는 전혀 다른 질환을 앓고 있을 가능성이 있었다. 정신의학에서는 일단 진단명이 붙여지고 나면 개별 변수들은 종종 무시되는 경향이 있다. 환자들은 비슷한 진단을 받은 환자 집단에 곧장 편입되고, 그 집단은 최종적으로 특정 약물 치료에 '반응하는' 집단과 '반응하지 않는' 집단으로 나뉘게 된다.

머리로는 왜 이런 식으로 일이 진행되는지 이해하고 있었다. 임상 연구에는 대규모 참여자가 필요하고, 공통 증상으로 환자들을 분류하는 것이 각각의 증상 차이를 일일이 따지는 것보다 훨씬 효율적이다. 하지만 내 관점에서는 아무리 큰 규모의 임상시험이라도 여전히 개개인의 집합체로 보였다. 치료 무반응자들을 연구한다 해도 실험군 내 각 개인이 다른 개인들과 어떻게 다른지 분석하기란 거의 불가능하다는 사실을 알고 있었다. 그럼에도 나는 내 생각을 들어줄 만한 사람들(학생들, 동료들, 심지어 환자 가족들에게까지)에게 말하지 않을 수 없었다. 나에게는 너무도 분명했다. 같은 진단을 받은 환자들에게 효과가 있는 약이 어떤 환자에게는 듣지 않는다는 말은 약물과 진단 사이에 불일치가 있다는 뜻이었다. 하지만 당시의 '통상적인' 방법은 그저 환자들에게 효과가 없던 약의 새롭고 개선된 버전을 기다리는 것 말곤 없었다.

이렇게 완전히 잘못된 논리로 수천 명의 환자들이 폐쇄병동에서 수년간 방치되었다. 게다가 새로운 약이 나와도 적용 대상에서 제외되는 경우가 대부분이었다. 환자들이 지내는 기관들은 실제 치료보다는 진정제를 대량 투여해 환자들을 조용하게 만드는 데 더 관심이 있었기 때문이다. 일단 치료 무반응자가 장기 요양 시설에 수용되고 나면 그들의 상태가 꾸준히, 적극적으로 재검토될 여지는 사실상 없었다. '올바른' 약이 왜 잘못된 반응(이 경우에는 아무 반응 없음)을 보이는지 추가로 조사하거나 그들이 수십 년 동안 병원에 갇혀 있는 동안 정신의학의 진보로 얻은 새로운 관점에서 주기적으로 진단을 재검토하려는 노력도 없었다. 무반응 환자 한 명 한 명의 상태를 재평가하는 일은 도저히 감당할 수 없는 과업처럼 느껴졌다. 기관들의 지원을 받지 못해 다른 연구과제로 넘어갔지만, 나는 무반응 환자들을 연구해보자는 생각을 끊임없이 떠올렸고 귀 기울여줄 사람이라면 그게 누구든지 붙잡고 이야기했다.

2년 후, 나는 맨해튼 미드타운을 걷다가 매주 찾아갔던 그 주립 정신병원 원장이었던 친구와 우연히 마주쳤다. 그녀는 의학적 배경은 없는 병원 행정가였지만, 자신이 돌보는 환자들에게 깊은 헌신을 보이던 사람이었다. 우리는 종종 그녀의 직원 몇 명과 커피를 마시며 휴식을 취하곤 했는데, 그 자리에서 나는 치료 무반응자들에게 두 번째 기회를 주자는 내 아이디어를 자주 이야기하곤 했다. 2년 만에 다시 만났을 때, 그녀는 점심을 먹으러 가는 길이었고 나에게 함께 가자고 권했다. 점심 자리에서 그녀는 최근 뉴욕주 전역의 정신 건강 활동을 관장하는 주정부 기관인 정신건강국의 부국장으로 승진했다고 말했다. 나는 그녀의 승진에 진심으로 축하를 건넸다. 그토록 재능 있고 헌신적인 사람이라면 마땅히 가야 할 정말 멋진 자리라고 생각했다. 그러자 그녀가 내게 물었다. "당신의 두 번째 기회 프로그램은 어떻게 되어가고 있나요?"

나는 내 가설을 검증할 곳을 찾는 과정에서 맞닥뜨린 학문적, 재정적, 행정적 및 그 밖의 여러 어려움을 그녀에게 털어놓았다. 그러자 그녀가 말했다. "방법이 있을 것 같아요. 하지만 당신에게는 큰 희생이 따를 거예요." 이어서 그녀는 자신이 속한 주정부 기관에서 운영을 총괄할 젊고 열정적인 의무국장을 찾고 있으니 주 보건국장을 만나 그 자리를 고려해보지 않겠냐고 제안했다. 그녀 역시 나처럼 틀에서 벗어나 생각하는 사람임을 잘 알고 있던 터라, 그녀와 함께 일할 수 있다는 생각만으로도 두 번째 기회 프로젝트가 갑자기 실현 가능한 일로 되살아나는 듯했다.

그다음 주, 나는 정신건강국 국장을 만났다. 그는 유쾌하고 매우 지적이며 온화한 사람이었고 처음 본 순간부터 호감이 갔다. 의사는 아니었지만 현장에서 잔뼈가 굵은 노련한 사회복지사로, 시스템을 누구보다 잘 알고 있었다. 내가 즉석에서 두 번째 기회 프로그램의 근거와 전략을 설명했더니, 그는 "당신의 사고방식이 마음에 듭니다. 올버니에서 일해줬으면 좋겠군요"라고 바로 말했다. 하지만 나는 선뜻 결정을 내리지 못했다. 맨해튼에서 올버니까지 두 시간 반을 통근할 엄두가 나지 않았기 때문이다. 그러자 그는 "제안을 받아들여주시죠"라고 말하며 농담조로 덧붙였다. "프로그램을 실행할 두 번째 기회는 없을지도 몰라요." 그 말이 맞았다. 이것은 스스로 굴러들어온, 단 한 번뿐인 특별한 기회였다. 길에서 예전에 함께 일했던 친구를 우연히 만나는 이 행운이 다시 반복될 리는 없었다. 나는 해야만 했다. 대신 올버니로 이주하지 않고 맨해튼에서 가족과 함께 살면서 주 1회 통근하는 조건으로 수락했다. 그리고 나는 이 결정을 단 한 번도 후회하지 않았다.

새로운 자리로 옮기는 과정은 원만했지만 업무 범위가 워낙 방대해 1년 동안은 숨 돌릴 틈조차 없었다. 규제, 재정, 전략, 인력 문제 등 갖가지 어려움과 장애물이 이어졌다. 거기에 더해, 앞서 언급한 집단 사고에 빠진 일부 정신과 의사들의 끊임없는 반대 여론이 지속적으로 앞을 가로막았다. 같은 치료법의 2.0 버전을 찾기보다는 각 환자의 진단과 증상을 재검토해서 다른 치료 전략을 찾아보자는 내 제안은 당시 지배적 분위기에 완전히 반하는 것으로 여겨졌다. 어떤 면에서는 바로 그것이 내 핵심 의도이기도 했다.

첫 번째 환자가 대학 정신병원에 도착한 것이 22년 전이었고, '두 번째 기회 프로그램'은 그때부터 지금까지 이어져오고 있다. 처음에는 평균 20년간 입원해 있던 환자들을 대상으로 했다. 그들 중 상당수는 자립 능력을 완전히 잃어버린 상태였다. 다른 중증 환자들과 함께 정신병동에 갇혀 지내며 책임도, 자기 결정권도, 더 나은 삶으로 나아갈 가능성도 모두 박탈당한 채 오랜 세월을 보낸 결과였다.

얼마 지나지 않아 알게 된 사실은 일부 환자들은 정신적으로 아무 문제가 없었지만 투렛 증후군 등 다른 질환에 대한 의학적 지식이 부족했던 시기에 병원에 들어왔다는 것이었다. 환자들 대부분은 전자기기를 사용해본 적이 없었다. 물건을 사는 법도, 음식을 만드는 법도, 빨래하는 법도, 그 밖에 다른 모든 사람이 별것 아니라고 여기는 수많은 일상 활동들을 하는 법도 몰랐다. 그때부터 그들은 대중교통 이용법, 요금 내는 방법, 약속을 지키는 법 그리고 입원 이후 한 번도 해본 적 없는 방식으로 낯선 사람과 어울리는 법을 포함해 그런 기술들을 새로 배우거나 다시 배워야 했다. 증상은 나아졌지만 독립적으로 살기 위해 필요한 기술들을 습득하기에 너무 무력해진 환자들에게는 안전한 주거환경과 더불어 각종 사회·의료 서비스를 제공하는 프로그램의 혜택을 받을 수 있도록 했다. 그렇게 두 번째 기회 프로그램을 통해 수백 명의 환자들이 병원을 나와 지역 사회로 복귀할 수 있었다.

그 정부직을 떠난 지 여러 해가 되었지만 젊은 수련의들과 같이 있을 때 그들이 "이 환자는 '두 번째 기회 프로그램'에 보내기 적합한 후보자 같습니다. 혹시 그 프로그램에 대해 들어보셨나요?"라고 말하는 순간만큼 내게 더 큰 기쁨을 주는 순간은 없다. 그러면 나는 콧수염 아래의 입꼬리를 씰룩거리며 "네, 어느 정도는요"라고 대답하고는 그들이 나에게 프로그램에 관해 설명하도록 내버려둔다.

이 프로그램은 아마도 가장 오래 기억될 나의 업적이자, 기존의 틀을 비껴가며 무엇을 이룰 수 있는지를 보여주는 가장 자랑스러운 사례가 될 것이다. 실제로 나는 프로그램을 시작하기 전까지 오랫동안 내 발상이 실현 불가능하고 무의미하다고 말하는 주변의 말에 굴복해왔다. 하지만 그것이 마지막이었다. 이제 다른 사람들이 옳다고 여기지 않는다는 이유만으로 권위자의 말에 넘어가 내가 틀렸다고 믿는 일은 다시는 없을 것이다.

이 경험을 통해 나는 분명히 알게 되었다. 우리는 합의된 의견을 고수하는 문화를 무엇보다 우선시하는 사회에 살고 있다는 사실을 말이다. 설령 그것이 무너진 제도의 피해자들에게서 삶에 복귀할 두 번째 기회를 빼앗는 일이 되더라도 말이다. 그리고 이 경험은 집단 사고가 만들어낸 통념에 순응하지 않는 다양한 관점과 발상이 우리 사회에 절실히 필요하다는 내 믿음을 다시금 굳건히 해주었다.

'사회적 각본'을 거부하는 사람들

에밀리 디킨슨Emily Dickinson은 "영혼은 스스로 어울릴 사람들을 고른다"라고 쓴 바 있다. 하지만 많은 이들에게 사회적 위치는 선택의 문제가 아니라 어디에 살고, 어떤 가정·종교·사회 계층에서 태어났으며, 어떤 민족이나 인종에 속하는지에 따라 결정되는 문제다. 대부분의 사람은 자신이 속하게 된 사회 집단을 자연스럽게(혹은 마지못해) 받아들인다. 하지만 이향인은 그렇지 않다. 그들은 집단적 사고 속에서만 존재하는 이념, 정치, 인종, 경제, 종교, 국적 같은 추상적 개념이나 출생 시 주어진 조건들로 형성된 그 어떤 집단도 신뢰하지 않는다. 그들은 집단 구성원끼리 암묵적으로 합의한 기준으로 얽힌 사람들에게 맹목적으로 충성한다는 발상 자체를, 그 집단이 다수의 눈에 아무리 권위 있어 보인다 해도 이해하지 못한다.

인간은 흔히 다양한 이유(그 가운데는 충분히 타당한 이유도 많다)로 이런 구속력 있는 추상적 개념들에 매달리곤 한다. 이념, 배경, 혹은 경험의 일부를 공유하는 사람들의 집단에 속하게 되면 자연스럽게 관계로 이어지는 길이 열린다. 그리고 그 길은 가족이나 직장 같은 다른 뚜렷한 관계망이 없을 때 특히 더 매력적으로 느껴진다.

이런 집단들은 어떻게 행동해야 하는지에 대한 불문율을 제공하여 모호함과 불확실성을 피하게 해주는 동시에 모두를 규율 안에 묶어두기도 한다. 상황이 좋을 때는 이런 소속감이 공유된 정체성을 형성하고, 이를 통해 누가 믿을 만한 아군이고 누가 경계해야 할 적군인지를 구분하는 다소 투박한 기준을 제공해준다. 그러나 반대로 상황이 나빠지면 앞서 언급했듯이, 위기를 어떻게 헤쳐 나가야 하고 그 과정에서 무엇을 희생해야 하는지를 결정하는 데 집단 사고가 매우 중요한 역할을 맡게 된다.

우리는 더 이상 맹수나 자연의 위협으로부터 살아남기 위해 부족의 일원이 될 필요는 없지만 대부분의 사람에게는 인간으로 사는 경험 자체를 버텨내기 위해 여전히 집단이 필요하다. 수동적으로 협력하는 일반적인 무리 동물과 달리, 인간은 다수가 같은 의견과 신념을 공유하기로 합의해 만든 관념적 실체를 바탕으로 능동적으로 협력할 수 있다. 그렇게 만들어진 군집적 사고는 경험에서 비롯된 자원을 모아 '집단지성'이나 '공동체적 지혜'를 탄생시킨다. 그렇게 우리 대부분은 집단에 순응해 사는 법을 배운다. 군집적 사고에 속하거나 그에 참여하는 것이 일종의 거짓된 안도감, 즉 '다수'의 힘에서 나오는 믿음을 주기 때문이다. 그리고 집단의 규모가 커질수록 순응에 대한 요구가 더욱 강해지는데, 이는 집단의 지배에 필요한 결속을 굳건히 하기 때문이다. 이런 소속 욕구가 일단 집단 정신으로 자리 잡으면 개인의 고유한 특성을 모조리 삼켜버린다.

일반적인 공동체 지향인들에게는 이런 희생이 쉽고 본능적으로 이루어진다. 하지만 다른 사람들처럼 사회적 각본을 수동적으로 받아들일 의지도, 능력도 없는 이향인들은 그렇지 않다. 자기 선택과 그 결과에 대해 깊이 생각하는 이향인에게 사회 규범은 순환 논리로 설명된다. 사람들이 사회 규범을 따르는 이유는 이미 널리 받아들여졌기 때문이고, 널리 받아들여진 이유는 많은 사람들이 그것을 따르기 때문이라는 것이다. 이런 규범이 자의적이라는 점을 드러내기 위해 이향인은 이렇게 말할지도 모른다. 만약 당신이 무인도에 혼자 고립된다면, 지금까지 소중히 여기거나 소중히 여기라고 배운 모든 것들을 여전히 가치 있게 지킬 것인가? 아니면 그 판단들 대부분이 다른 사람들과의 관계 속에서만 쓸모 있고 의미가 있다는 사실을 깨닫게 될 것인가?

비유하자면 소속감이 없는 사람은 외딴섬에서 혼자 살고 소속감이 있는 사람은 본토에서 사는 것과 같다. 이향인은 본토를 방문했을 때 그곳에서 통용되는 규칙에 주의를 기울이고 최대한 따르려 하지만, 그들은 언제까지나 그곳에 잠깐 들린 관광객일 뿐이다. 그 규칙은 다른 곳에서는 아무런 의미가 없다.

이향인은 단지 어떤 생각을 믿는 사람이 많다는 이유만으로 그 생각의 타당성을 인정하지 않는다. 그들에게 중요한 것은 그 생각 자체다. 군집적 사고의 도구들, 예를 들어 합의, 다수결, 집단적 지혜, 세대를 거쳐 전해 내려온 경험 등은 그 생각의 바탕이 잘못되었다고 여겨지면 이향인들에게는 무용지물이다. 반대로 지위나 권위와 상관없이 어떤 사람이 현명한 통찰이나 발언을 내놓았을 때, 그 말이 진실하다고 느껴지면 이향인은 깊이 공감한다.

아주 젊은 시절, 나는 실연으로 깊은 상처를 입었던 적이 있다. 사람들이 건네는 온갖 진부한 말들은 내게 어떤 위로도 되지 못했다. 그런데 내가 자주 가던 찻집의 베두인 웨이터 와디드가 나에게 이렇게 말했다. "상처받은 마음은 화상을 입은 것과 같답니다. 처음에는 계속 아프다가 시간이 지나면 건드릴 때만 아프고 결국에는 전혀 아프지 않게 되지요. 희미한 흉터만 남아 그 사실을 기억하게 할 뿐이에요." 그 말을 들은 게 무려 45년 전이다. 그의 말은 정확했고, 나는 지금도 와디드의 지혜를 다른 사람들에게 전하고 있다.

급진적이거나

세상을 바꿀 만큼 독창적이거나

소속감과 합의는 독창성과는 거리가 멀다. 군집적 사고에 구애받지 않는 이향인은 독창적인 사상가다. 그들은 다른 이들과 똑같은 것을 보지만 집단의 압력에 휘둘리지 않기 때문에 다른 가능성이나 해석을 스스로 탐구할 수 있다. 또한 대중문화나 대중 오락에 크게 관심이 없어서 내적 성찰과 창의성을 원동력 삼아 지적 모험을 자주 떠날 수 있는 정신적 여유를 지니고 있다. 그래서 집단이 놓치는 뜻밖의 통찰을 우연히 발견하기도 한다. 하지만 때론 주류에서 벗어난다는 이유로 종종 급진적이거나 심지어 위협적인 아이디어로 받아들여지기도 한다. 이런 일은 인류 역사상 진정한 독창성을 보여준 거의 모든 사상가가 겪은 일이다. 널리 알려진 유명 사상가들도, 역사의 뒤안길로 사라진 무명의 사상가들도 마찬가지였다.

헝가리 출신 의사 이그나츠 제멜바이스Ignaz Semmelweis는 이 중 후자에 속한다. 1861년 그는《산욕열의 원인, 개념 그리고 예방The Etiology, Concept, and Prophylaxis of Childbed Fever》이라는 책을 출간했는데, 이 책에서 그는 오늘날 산욕열이라 불리는 질병으로 사망한 산모들에 관한 자신의 연구를 다루었다. 당시로서는 혁명적이었던 그의 결론은 의사가 분만을 돕기 전에 손을 씻기만 해도 이런 죽음을 예방할 수 있다는 것이었다. 지금은 감염을 막기 위해 반드시 멸균 상태의 청결한 환경에서 의료 행위가 이루어져야 하는 게 당연하지만, 19세기에는 세균의 존재와 세균이 감염에 미치는 영향이 전혀 알려지지 않았다. 제멜바이스는 당시로서는 이례적인 방식으로 그 연관성을 추론해냈다. 산모들이 산욕열에 걸리는 비율이 현저히 낮은 분만 병원을 찾아가 조사했던 것이다.

이 병원에서 분만을 담당하는 산파들을 관찰한 결과, 그는 단 하나의 차이점을 발견했다. 병원의 많은 의사들이 부검을 마친 직후 곧바로 분만을 맡았으나 산파들은 그렇지 않았다. 그는 부검 과정에서 의사의 손에 묻은 '유기물(즉, 세균과 박테리아)'이 산모에게 옮겨갔을 수도 있다고 결론짓고, 아기를 받기 전 손을 철저히 씻을 것을 제안했다. 의사들은 손 씻기 같은 사소한 행동으로 결과가 눈에 띄게 달라질 리 없다고 의심했지만 결국 그의 제안을 받아들였다. 그러자 병원의 산모 사망률은 즉시 18퍼센트에서 2퍼센트로 떨어졌다.

제멜바이스는 세균이 무엇인지, 세균이 감염에 어떤 영향을 미치는지에 대해서는 전혀 알지 못했다. 그는 단지 병원의 다른 누구도 보지 못한 것을 보았을 뿐이었다. 이 하나의 통찰만으로도 감염으로 죽어가는 수많은 여성의 끔찍한 현실을 근본적으로 바꿀 수 있었다. 하지만 혁신이 대체로 그렇듯, 동료 의사들은 그의 발견을 몹시 탐탁지 않게 여겼다. 손 씻기가 사망률을 낮춘다는 사실이 명백히 입증된 뒤에도, 동료들은 왜 그런 효과가 나타나는지에 대한 이론적 설명을 요구했는데, 제멜바이스는 그것을 제시할 수 없었다. 결국 그는 의학계에서 배척당했고 임상과 학술직에서도 해고되었으며 정신적으로 큰 충격을 입었다. 이후 동료들은 그를 정신병원에 가두었고, 그곳에서 그는 잡역부들에게 구타를 당했다. 열흘 뒤, 상처 감염(이는 너무 가슴 아픈 아이러

니가 아닐 수 없다)에서 비롯된 패혈증으로 그는 마흔일곱의 나이에 세상을 떠났다.[*]

이렇듯 이향인의 마음에서 떠오르는 생각들은 공동체적 질서가 지배하는 사회에서 종종 위협으로 비칠 수 있다. 명백한 증거가 이를 뒷받침하더라도 반역적이거나 이단적, 심지어는 광기로 여겨질 위험을 안고 있는 것이다. 하지만 오늘날 우리가 직면한 사회적 문제들을 해결하기 위해서는 기존의 통념에 의문을 제기하고 새로운 관점에서 문제를 생각해보며 비정통적인 해결책에 마음을 열어야 한다. 이향인의 사고방식도 세상을 바꿀 힘을 가지고 있음을 우리는 기억해야 한다.

공동의 기억이 아닌

개인적 여정에 집중하는 삶

군집적 사고는 주로 '현재'에만 존재하며 시대에 대한 끊임없는 관심을 기본 토대로 하여 움직인다. 보통 뉴스, 정치, 대중문화 그리고 뜬소문 등이 사람들 사이의 '공유된 경험'을 만드는 기본 재료가 된다. 반대로 어제의 뉴스에는 상대적으로 관심을 잘 두지 않는다. 하나의 집단으로서 '정신적 동기화' 상태를 유지하려면 집단 구성원 모두가 계속해서 다음 대상으로 관심을 계속 옮

[*] 미국의 의사 하워드 마켈(Howard Markel)이 2015년 5월 15일 공영방송사 PBS 웹사이트에 쓴 기사, '1850년 이그나츠 제멜바이스는 세 마디 말로 생명을 구했다: 손을 씻으시오(In 1850, Ignaz Semmelweis Saved Lives with Three Words: Wash Your Hands)'

겨가야 하기 때문이다. 이런 까닭에 군집적 사고는 현재라는 순간에 끊임없이 집단적 관심을 기울인다.

덧붙이자면, 공유된 현재에 집중하는 것은 흔히 말하는 마음챙김mindfulness과 전혀 다르다. 마음챙김은 오롯이 개인이 수행하는 활동이기 때문이다. 반면 군집적 사고는 공유된 경험이라는 렌즈를 통해 현재를 바라본다. 과거는 개인의 기억이 아닌 공유된 기억, 이를테면 신화, 우화, 전통을 통해서만 이해된다. 그리고 이러한 요소들이 연결되어 만들어진 집단적 역사 의식은 종종 개인의 개별적 과거 경험을 압도하기도 한다. 마찬가지로 미래에 대한 계획도 무엇이 옳고 적절하고 가치 있는지에 대한 집단의 교리에 의해 크게 좌우된다. 현재의 행동이 어떤 결과를 가져올지에 대한 집단적 논의도 마찬가지 방식으로 이루어진다. 만약 이러한 군집적 사고방식이 없다면 왜 인류가 세대마다 과거의 중대한 실수를 재차 반복하고 '의도치 않은' 결과에 놀라는지를 설명할 수 없을 것이다.

군집적 사고에서 벗어난 이향인들은 역사와 시간 속에서 자신의 위치를 다르게 인식한다. 그들에게 현재의 개인적 경험은 그것을 함께 경험하고 있는 다른 모든 사람의 경험과 연결되지 않으며 과거의 기억도 집단적 서사에 의해 흐려지지 않는다. 시대의 문화, 규범, 유행 같은 것들과도 거리가 멀기 때문에 그들의 기억은 더욱 개인적이며 다른 이들의 기억과 같은 시점에서 겹

칠 일도 거의 없다. 만약 한 무리의 사람들에게 특정 시점을 떠올려보라고 한다면 많은 이들이 당시 라디오에서 늘 흘러나오던 노래나 유행했던 옷차림을 언급할 테지만, 이향인은 자신이 실제로 겪었던 구체적인 경험을 이야기할 것이다.

요컨대, 이향인은 '공동의 기억'보다 자기 자신과 시간 속을 항해하는 '개인적 여정'에 집중한다. 그 결과 이향인의 시간 감각은 종적縱的으로 움직인다. 즉, 오늘은 어제의 결과이고, 내일은 오늘의 결과이다. 그래서 이향인에게 매 순간, 그리고 모든 기억은 이전 것만큼이나 소중하다.

내면 세계의 풍요로움

14장

당신은 내면의 견고한 나침반을 가지고 있는가

환자들을 대할 때 나는 내가 셰르파의 역할을 한다고 생각한다. 그들이 혼자서는 감히 탐험에 나서지 못할 두려운 지역을 함께 헤쳐 나가도록 안내하고 도와주는 사람 말이다. 여기서 말하는 지역이란 바로 그들의 내면 세계다.

자기 자신과 마주하는 일은 대부분의 사람에게 두렵고 벅찬 일이다. 아무도 우리 내면의 생각에 접근할 수 없기에 내면 세계는 우리가 진정으로, 불가피하게 홀로 있을 수밖에 없는 유일한 장소다. 이런 이유로 사회적 동물인 인간은 고독을 불편하게 느껴서 대다수의 사람은 자신의 내면을 애써 외면하며 살아간다. 하지만 내면과의 관계를 소홀히 하면 결국 문제가 발생한다. 우리의 경험을 더 깊은 자기 이해와 연결해줄 수 있는 통찰이 사라져버리기 때문이다.

그 결과 우리는 많은 결정을 (의식적이든 무의식적이든) 불완전하고 오류가 섞인 자료에 근거해서 내리게 된다. 가장 중요하고도 사적인 결정을 내릴 때, 우리는 흔히 '직감'이라고 부르는 본능에 의지할 수 있으리라 기대한다. 하지만 본능은 평소에는 우리가 거의 주의를 기울이지 않는 감각으로, 막상 급박한 순간에 그것을 불러내려 하면 오히려 잘못된 길로 이끌기도 한다. 내면의 견고한 나침반이 없으면 우리는 '집단의 지혜'를 개인적으로 깨우친 상식이라고 착각한다. 그리고 나의 내적 신념, 가치, 선호가 집단의 그것과 충돌할 때면 집단과 보조를 맞추고 사회적 인정을 얻기 위해 나의 신념과 가치를 포기하거나 억누르는 법을 배운다.

그렇게 결국 내면 세계는 접근하기 어렵고 이해할 수도 없는 짐이 되어버린다. 우리는 이를 번아웃, 중년의 위기, 혹은 우울증 등 다양한 이름으로 부른다. 하지만 사실 이것은 우리의 가장 사적인 생각과 꿈, 욕망에 마음을 닫아버린 데서 비롯된 결과다. 내면의 생각, 꿈, 욕망에 마음을 닫지 않았다 해도, 우리는 그것들이 잘못되었다거나 이기적이라고 믿도록 오랫동안 길들여져왔다. 어린 시절 자연스럽게 품었던 그 경이로운 감정들은 억눌려 점차 소멸하고, 우리는 어쩔 수 없이 집단이 멋지다고 하는 것들에 대해 열정을 지어내거나 흉내 낼 수밖에 없게 되었다.

보통의 사람들에게는 물리적 세계와 공동체적 세계, 그리고 내면 세계가 서로 뒤섞여 있다. 그래서 자아와 타인 사이의 경계가 유동적으로 변하곤 한다. 반면 이향인들은 이 둘 사이에 명확한 경계선을 그어둔다. 그들은 내면 세계와 외부 세계 모두에서 존재할 수 있음을 알고 있다. 하지만 그 둘 사이의 경계를 지나칠 만큼 예민하게 의식한다. 이향인은 공동체 지향인들처럼 두 세계를 자유롭게 오가며 주변과 무의식적으로 조화를 이루게 해주는 '자동 항법 모드'를 사용할 수가 없는 것이다.

자아와 타인 사이의 이런 구분은 때론 실질적인 이점들을 가져다주기도 한다. 예를 들면 이향인은 질투나 수치심 같은 공동체 지향인을 괴롭히는 여러 걱정거리들에서 자유롭다. 대신 그들은 자기 자신에게 집중한다. 풍요롭고 다층적인 내면 세계에 몰입할 때, 그들은 공동체 지향인이 닿을 수 없는 놀라울 정도로 복잡한 사고와 기억, 상상의 세계에 접근할 수 있다. 내면 세계를 버리고 공동체 영역 속에서만 머무는 사람들과 달리, 이향인은 집단을 사로잡는 피상적인 교류나 일상적 걱정거리보다 자기 내면의 깊고 복합한 세계 속에 머물기를 더 좋아한다.

공동체 지향인들은 자신의 마음속 깊은 바람과 욕망이 드러나는 것을 극도로 두려워하는 경우가 많다. 그래서 우리가 살아가는 사회의 규칙을 자기 내면에도 그대로 적용하려 한다. 예를 들어 내가 스포츠카를 가지고 있는 누군가를 부러워한다고 해보자. 이향인인 나는 그런 감정을 입 밖에 내지 않을 것이고, 하물며 행동으로 옮길 일은 더더욱 없을 것이다. 이향인은 내면이 사적인 영역임을 잘 알기에 가장 내밀한 감정을 스스로 공유하기로 한 만큼만 드러냄으로써 이 영역을 지킨다. 나 역시 이런 감정을 스스로 부정하지 않으며 그런 감정이 든 것에 대해 아무런 죄책감도 느끼지 않는다. 오히려 내 마음속에서는 가장 탐욕스럽고, (어떤 이들이 보기에는) 드러내기 민망한 온갖 본능들까지도 마음껏 누릴 자유가 있다. 덕분에 나는 그런 감정들에 시달리지 않는다.

하지만 내면 세계와 외부 세계의 경계가 훨씬 더 허술한 공동체 지향인은 자신의 덜 매력적인 본능들(사소한 부러움이나 질투)이 밖으로 드러나는 것을 원치 않는다. 또한 마음속에서 어쩔 수 없이 떠오르는 생각과 감정을 제어하지 못하는 것 때문에 죄책감이나 당혹감, 수치심을 느끼곤 한다.

이런 충동으로부터 자유로워지려면 자기 내면의 감정이나 충동을 '검열'하려는 발상을 내려놓아야 한다. 자신의 내면 세계가 사회적 예의나 체면의 규칙에 얽매이지 않는다는 것을 깨닫는 것만으로도 엄청난 해방감을 느낄 수 있다. 생각과 감정은 우리가 통제할 수 없기에 옳고 그름의 문제가 될 수 없다는 생각 또한 우리를 자유롭게 한다.

인간관계의 보편적 행동 원칙들은 대개 사회 차원에서 내려오고 유지되는 것들이라 당신이 개입할 여지가 거의 없다. 하지만 우리의 내면을 다스리는 원칙들은 전혀 다른 문제다. 당신의 내면 세계에서 당신은 어떤 생각이든 할 수 있다. 그것을 행동으로 옮기지 않고 남에게 강요하지 않는 한 말이다. 사회적 관습에 얽매일 이유도 없다. 그런 규범은 어디까지나 타인과의 관계를 조율하기 위해 만들어졌기 때문이다. 그러므로 가장 깊은 차원에서 당신은 자유로운 존재라 할 수 있다.

사회적 관계 속에서 타인과 소통할 때, 우리는 모두 자신의 풍부하고 복잡한 감정적 경험을 몇 마디 말로 압축해 표현한다. 공동체 지향인들은 이러한 생각과 감정이 모두 단순화되어 쉽게 소비되고 효율적으로 전달되는 세계 속에서 대체로 만족하며 살아가곤 한다. 얼마나 단순화되었느냐 하면, 이 세계에서는 사랑 같은 감정조차 이젠 너무 흔해져서 자동차나 신발, 일자리에 대한 애착을 드러낼 때든 아이나 배우자에 대한 애정을 표현할 때든 상관없이 항상 똑같이 쓰인다. 누군가가 "나는 내 연인을 사랑해"라고 말한다면, 그에게 '사랑'이 무슨 뜻인지 물어보라. 그 말을 구체적으로 설명하기가 얼마나 어려운지 깨닫고 놀라게 될 것이다.

실제로 유아기를 지나 언어를 사용해 자신을 표현하기 시작하면 우리는 내면의 온갖 경험들을 억누르고 제한시켜 표현할 수 있는 것만 남긴다. 결국 우리의 상상력, 경이와 호기심은 언어로 표현하기 어려운 무언가가 되고, 마침내는 완전히 잊힌다. 공유되지 않은 생각들과 갈망들이 의식의 손이 닿지 않는 깊은 곳으로 가라앉으면서 서서히 그것들과 멀어지게 된다.

반면 이향인들은 그렇지 않다. 이향인들은 이 함정을 피할 수 있다. 자신과 타인을 뚜렷이 구분하는 능력 덕분에 두 가지 언어를 구분해 쓸 수 있기 때문이다. 하나는 대중과의 상호작용을 위한 언어적verbal 언어고, 다른 하나는 자기 자신과의 소통을 위한 비언어적non verbal, 혹은 언어 이전preverbal의 언어다. 언어적 언어가 마음을 표현할 수 있는 유일한 언어라고 여기는 사람들은 경험과 감정을 주로 '말'의 형태로 기억한다. 반면 이향인은 말로는 담아낼 수 없는 '감정'으로 기억한다. 이런 감정들은 기억의 깊은 어둠 속에서도 쉽게 사라지지 않는다.

물리적 세계에서의 경험은 이야기로 풀어내기가 쉽다. 공동체 지향인인 대다수의 사람은 그렇게 효율적으로 소통한다. 문제는 자신의 내면 세계를 타인에게 설명하는 일은 평범한 일상 대화의 영역이 아니라는 점이다. 아무리 언변이 뛰어난 사람이라도 우리는 본질적으로 자기 안의 가장 내밀한 생각과 욕망을 표현할 어휘를 갖고 있지 않다. 그래서 그 생각과 욕망은 말 그대로 '말할 수 없는 것'이 된다. 위대한 예술가들을 제외한 대부분의 사람은 내면 경험의 풍부함을 표현할 길이 없다. 언어로 옮겨내는 순간, 대부분의 묘사는 실제 경험의 빛바랜 복제품이 되어버리기 때문이다. 이향인조차 자신의 내면 세계를 다른 사람에게 설명하는 데 한계를 느낀다. 이는 상대가 아무리 가까운 사람이라 해도 마찬가지다. 이 때문에 나는 어머니에게 왜 보이스카우트에 들어가고 싶지 않은지 설명할 수 없었다. 보이스카우트가 나에게는 그저 재미없게 느껴지는 이유를 설명할 어휘가 없었고, 다른 아이들이 신나게 웃으며 버스에 올라 모험을 떠나는 모습을 보며 내 속에서 생겨난 내적 갈등을 묘사할 방법도 없었다.

물론, 다른 사람들이 우리 정신의 깊은 곳에 접근할 수 없다는 것이 일상에서는 큰 문제가 되지 않는다. 모든 사람이 서로의 생각과 감정을 손쉽게 읽을 수 있는 세상을 상상해보라. 우리는 결코 함께 살아갈 수 없을 것이다!

이향인은 자신만이 드나들 수 있는 풍요로운 내면 세계 속에서 꼭 필요한 고독을 얻는다. 그것은 그들이 집단의 혼란으로부터 피할 수 있는 은신처이자 오직 그들만의 세계다. 소설가 펄 벅Pearl Buck이 말했듯이, "내 안에는 내가 홀로 사는 장소가 있다. 그곳에서 나는 결코 마르지 않는 샘물을 길어 올린다."

4부

혼자여도 풍요로운, 행복한 이향인으로 살아가기

이향인 아이를 둔 부모를 위한 조언

15장

고치려 드는 태도를 버리고
'내버려두는 기술'을 발휘하라

앞서 살펴본 것처럼, 우리는 모두 이향인으로 태어나며 생의 초기 몇 년간을 이향인으로 살아간다. 내면 세계는 친숙하지만 외부 세계는 불가해하고 종종 두렵기까지 하다. 이 시기의 아이들은 몇 시간씩 자기 마음속 세계를 떠다니며 보낸다. 낯선 사람 앞에서는 금세 불안해하며 울음을 터뜨리고, 타인의 도움이 있어야만 주변의 공동체 세계와 연결될 수 있다. 걸음마를 시작할 무렵이면 아이들은 집단에 속하기 위해 자기 욕구를 희생했을 때 얻을 수 있는 이득에 대해 배우고, 그 순간부터 평생 이어질 소속감 추구의 여정에 아무 의심 없이 뛰어든다. 물론 이향인 아이는 예외다. 이 아이들은 다음과 같은 특성들을 보인다(해당 특성을 전부 가지고 있거나 일부 가지고 있다).

첫째, 또래보다 어른들을 좋아한다. 다른 어른들 앞에서 부모님에게 매달리는 수줍은 성격의 아이들과 달리, 이향인 아이들은 어른들과 편안하게 어울린다. 주변 어른들을 조용히 관찰하는 시간이 많아서 총명하고 유머러스하며 나이에 비해 훨씬 성숙하고 세련된 말을 자주 내뱉는다. 다른 아이들과 있을 때는 소극적이지만 어른들 앞에서는 나이에 맞지 않게 당당한 모습을 보인다. 종종 상점 주인들, 다른 아이의 부모, 교사 그리고 일상에서 만나는 모든 어른들의 사랑을 받곤 하는데, 이때 어른들은 이향인 아이의 예의 바름과 사려 깊음, 성숙함에 감탄한다. 어린 시절에는 그들의 사회적 행동이 제각각일 수 있지만 한 가지 일

관된 특성을 가진다. 바로 이향인 아이는 걸음마를 시작하는 시기부터 좀처럼 어린아이답지 않다는 점이다.

둘째, 호기심이 많고 창의적이다. 초등학교 시절의 이향인 아이는 보통 아이들보다 유난히 호기심이 강하다. 기존의 통념을 흔드는 날카로운 질문을 던지며 사회적으로 통용되는 상식을 다른 시각에서 탐구하기 시작한다. 내가 어린 이향인들에게서 실제로 받은 질문 가운데 몇 가지를 소개하자면 이렇다. "우리는 산소를 들이마시고 이산화탄소를 내쉬는데 어떻게 인공호흡이 가능해요?", "열매가 나무에 달려 있을 때만 살아 있고 나무에서 떨어지는 순간부터 죽어가기 시작한다면, 탯줄에서 떨어지는 순간 인간도 죽음의 길로 들어선다고 볼 수 있는 것 아닌가요?" 그 중 가장 의미심장한 질문은 "다른 사람의 생각을 그대로 받아들이지 말고 스스로 생각하라고 하셨는데, 그렇다면 그 말 또한 무시해도 되나요?"였다. 이는 평범한 대다수의 사람이라면 평생토록 맹목적으로 받아들이는 것들에 대해 끝없이 의심하고 물음을 던질 사람만이 가지는 특징이다.

아동기 후반부에 접어들어 교육이 한층 체계화되면 학교에서 좋은 성적을 내고자 하는 욕구와 독자적으로 사고하려는 이향인의 필요가 종종 부딪히곤 한다. 현대의 교육 제도는 결국 공동체적 관념을 바탕으로 하고 있어서, 이향인 아이들은 자신들에게 이해되지 않는 규칙들을 왜 따라야 하는지 이해하려 애쓰는 과정에서 내적 반발을 경험하기도 한다. 또한 다방면에 두루 능숙하기보다 특정 분야에 강점을 보이는 성향이 있어서 독특한 방식으로 학습하며 자신만의 사고에 몰두하는 경우가 많다. 이들은 어떤 주제에 관심을 가질수록 더 깊이 파고드는데, 당장 눈앞의 과제를 소홀히 하는 대가를 치르더라도 개의치 않는다. 그래서 종종 체계가 없거나 시간 관리에 서툴러 보이기도 한다. 어떤 과제에는 많은 시간을 들이면서 다른 과제는 무시하거나 미루기 때문이다. 지능 수준과는 관계없이 똑똑한 공동체적 아이들처럼 전 과목에서 A를 받는 경우가 드물다. 이들은 모든 과목에서 완벽한 성적을 내기보다 관심 있는 분야에서 탁월한 성취를 보인다.

조직적으로 행동하는 데 어려움을 겪는 이향인 아이들을 위한 '사회적 생존 기술' 프로그램을 진행하며 나는 부모들에게 당부한다. 아이가 스스로 생각하고 권위에 의문을 품는 건강한 자율성을 키우도록 도와주되, 그것이 외부로 표출된 반항으로 이어지지 않도록 주의 깊게 살펴야 한다고 말이다. 한마디로 아이의 이향인적 성향이 학업에 이론적으로만 불편을 주는 정도(실제로는 큰 문제가 되지 않는다)라면 그대로 두어도 좋다는 뜻이다. 하지만 잠재력을 충분히 발휘하지 못하게 하는 실제적 결과(행동 문제나 성적 부진으로 이어져 다음 학년으로 올라가지 못할 정도)로 이어진다면 개입이 필요할 수도 있다. 그렇지만 일반적으로 이향인 아이들은 주의 깊고 품행이 바르다. 나이에 비해 고집이 세고 자기주장이 강할 수는 있지만, 어른들이 주도권을 쥐고 있는 한 반항해도 소용없다는 점을 깨닫고 나면 저항 의지를 숨기는 법을 재빨리 터득한다.

이향인 아이들이 반드시 최고의 학생은 아닐지라도 그들의 지적 능력은 또래와 교사 모두에게 확연히 드러나는 편이다. 더구나 제도화된 학교 교육 환경에서는 단점으로 보일 수도 있는 그들의 특성이 졸업 후 현실 세계로 나가면 오히려 커다란 강점으로 작용하게 된다.

셋째, 또래들 사이에서 인기가 있지만 가까운 친구나 마음을 터놓는 친구는 소수뿐이다. 여섯 살 이전에는 이향인 아이와 공동체 지향인 아이를 구별하기가 어렵다. 공상에 쉽게 잠기고, 활동을 주도하기보다는 따라가는 편이며, 몸의 움직임이 다소 서툴기도 하다. 하지만 이향인 아이들은 친근한 성격을 지니고 있어서 어릴 때는 그들의 비소속성이 눈에 띄게 드러나지 않는다. 때로는 이향인 아이가 집단 속에서 감정적으로 거리를 두고 있으면 다른 아이들은 "왜 저 아이는 우리와 어울리지 않을까?" 하며 혼란스러워하고, 그래서 그 아이를 자신들의 무리에 끌어들이려고 평소보다 더 적극적으로 노력한다. 유치원이나 어린이집에 맡겨질 때 눈물을 흘리며 부모에게 가지 말라고 매달리기도 하고 놀이터에서 다른 아이들과 함께 어울리지 못해 적극적인 독려가 필요한 경우도 많다. 하지만 이런 행동들은 처음 등교하는 아이들에게서 흔히 보이는 사회적 불안이나 수줍음으로 잘못 해석되곤 한다.

나이를 먹어갈수록 이향인 아이들은 사회적 서열에 무심하고 친구 간의 인기 경쟁이나 파벌 싸움에도 흥미를 보이지 않아서 또래들에게는 다소 신기한 존재로 여겨진다. 집단과 거리를 두는 태도는 그들을 파악하기 어렵게 만들지만 동시에 괴롭힘을 당하거나 집단으로부터 공격받는 일도 막아준다. 통제나 처벌의 수단으로서 아이를 소외시키는 것은 이향인 아이에게는 효과가 없는데, 애초에 그들은 그 집단의 일원이 아니기 때문이다. 비록 집단에 속하는 것을 꺼린대도 이향인 아이들은 대개 유머 감각과 지성, 온화한 성품을 지니고 있어 존중받고 호감을 사며, 일반적으로 좋은 친구로 여겨진다.

넷째, 혼자 있을 때 가장 행복해한다. 아이가 혼자서 또는 다른 아이 한 명과 몇 시간이고 만족스럽게 놀 수 있는가? 여럿이 함께 논 후에 충분히 쉴 시간이 필요하다고 하는가? 이러한 행동들은 그들의 이향적 성향이 드러나는 초기 신호인 경우가 많다. 개인적 시간은 그들에게 꼭 필요한데, 이는 악의 없이 아이를 위한다고 생각하는 어른들과 또래들로서는 대개 이해하지 못하거나 존중하지 않는 부분이다. 그리고 그 시간을 어떻게 관리하느냐가 이향인 아이와 공동체적인 아이를 구분짓는 특징

중 하나다.

이향인 아이는 혼자 있어도 절대 지루해하지 않지만 오히려 다른 사람들에게 둘러싸여 있으면 매우 지루해한다. 이는 대부분의 공동체 지향인이 여가 시간을 보내는 방식과 완전히 다르다. 이 같은 차이는 평생 이어지지만, 집단 놀이에 참여하려는 욕구가 정상적인 사회적·정서적 발달의 필수 요소로 여겨지는 아동기에 특히 뚜렷이 나타나곤 한다.

다섯째, 어떤 형태의 조직적 활동에도 참여하고 싶어 하지 않는다. 이향인 아이는 나이를 먹을수록 방과 후 동아리, 여름 캠프, 수학여행(특히 하룻밤 이상 자고 와야 하는 여행), 심지어 생일 파티까지 다른 아이들과 떨어져 쉴 틈을 주지 않는 활동을 모두 거부하기 시작한다. 다른 아이들과 함께 '갇혀' 있다는 느낌은 이향인 아이에게 고통으로 다가온다. 청소년기에 접어들면 공동체적 아이들은 집단 결속 활동에 강하게 몰두한다. 또래들로 구성된 사회적 집단 속에 속하는 것이, 다시 말해 '우리us'라는 의식을 갖는 것이 자신들의 삶에 존재하는 어른들('그들them')에게서 독립성을 확립하는 하나의 방식이 되기 때문이다. 그러나 이향인들은 애초부터 소속감을 느낄 수 없기에 이런 유대감 형성 활동을 오히려 불편하게 느낀다. 반면, 이들은 공동체 지향적 아이들이 느끼는 식으로 거절이나 배제에서 오는 아픔을 경험하지 않는다.

여섯째, 유난히 배려심이 깊고 너그럽다. 일대일 상호작용에 대한 예민한 감수성 덕분에 이향인 아이는 보통 낯선 사람과의 가벼운 만남에서는 좀처럼 일어나지 않는 깊은 공감을 다른 아이들과 나눌 수 있다. 공동체적 아이들은 "내가 뭔가 양보하면 친구들이 나를 받아줄 거야"라는 거래 방식으로 우정을 이해하도록 길러진다. 반면 이향인 아이는 공동체의 인정을 얻기 위해 개인의 욕구를 내어주는 흔한 사회적 흥정에는 참여하지 않는다. 그런 이유로 그들이 아무런 대가를 바라지 않고도 타인의 필요를 헤아릴 수 있는 것이다.

일곱째, 신중하며 위험을 피하려는 성향이 강하다. 공동체 지향적인 아이는 또래 압력에 휘둘려 때론 무모하고 위험한 장난들을 치곤 한다. 그럴 때면 부모들은 이렇게 말한다. "다른 애가 다리에서 뛰어내리면 너도 같이 뛰어내릴 거니?" 하지만 이향인 아이는 그렇지 않다. 이향인 아이는 다른 아이가 다리에서 뛰어내린다고 해서 덩달아 뛰어내리는 일이 결코 없을 것이다. 또래 압력에 거의 영향을 받지 않기 때문에 이향인 아이는 공동체적 아이들이 흔히 저지르는 위험하고 무모하며 장난스러운 행동에 가담하지 않는다. 또한 무리에 섞여야 한다는 걱정에 사로잡히지 않기에 자기 행동이 가져올 결과를 곰곰이 따질 만큼 여유롭다. 따라서 육체적으로 대담한 모험을 하지 않으며, 거칠게 뒤엉켜 노는 놀이에도 참여하지 않고, 말썽에 휘말리지 않도록 늘 조심한다.

　마지막으로, 이향인 아이들은 변화에 잘 적응하지 못한다. 학교는 아이들이 함께 모여 어른의 감독 아래서 시간을 보내는 공간으로, 집단 내에서 작동하는 암묵적 규칙을 가르치기에 완벽한 환경이다. 대부분의 아이들은 이런 규칙들을 금세, 거의 무의식적으로 익히며 새로운 규칙이 생기거나 기존 규칙이 바뀌면 재빨리 행동을 조정하곤 한다. 하지만 이향인 아이들은 암묵적 규칙을 무선으로 주고받는 일종의 블루투스 연결망에 접근하지 못하기 때문에 이러한 변화에 빠르게 적응하지 못한다. 그래서 부모의 이혼이나 동생의 출생 같은 가정 내 변화나 전학, 혹은 새 학년이 시작되면서 새로운 선생님과 친구들을 맞이하는 일조차 어린 이향인에게는 크게 혼란스러울 수 있다. 그렇지만 한편으로 이향인 아이는 습관에 잘 적응하는 존재로, 자신이 인정할 만한 논리적 기준에 맞는 규칙이나 루틴이라면 그것을 기꺼이 받아들이고 쉽게 지켜나간다.

이향인 아이 양육하기

공동체 지향인인 부모가 이향인 아이를 키우는 일은 매우 난감한 과제가 될 수 있다. 생후 2년까지는 아이가 또래들과 비슷한 발달 과정을 보이기 때문에 부모는 걱정 없이 편안한 시간을 보낸다. 일반적인 육아 조언도 잘 들어맞으며 다른 부모들과의 대화도 익숙하게 느껴진다. 하지만 그 이후부터 이향인 아이는 조금씩 예상 밖의 방향으로 나아가기 시작한다. 그때부터 거의 모든 육아 상황이 남들과는 다르게 전개된다. 그 결과 부모는 참고할 만한 기준을 찾지 못한 채 자기 생각과 기대를 기준으로 아이를 판단한다. 부모는 아이의 행동이 충분히 '사회적'이지 않다고 느낄 때마다 금세 혼란과 불안을 겪는다. 공동체 지향인인 부모는 집단에 속하는 것이야말로 성공적 삶의 기반이라고 교육받았기 때문이다.

이 시점에서 이향인 아이의 부모는 결정을 내리게 된다. 아이를 있는 그대로 받아들일 것인가, 아니면 사회적 규범에 맞추어 길러낼 것인가? 대다수의 사람이 집단 규범에 의지해 살아간다는 점을 고려하면, 부모가 자녀에게 더 사교적으로 행동하라고 압박하는 것이 결코 이해 못할 일은 아니다. 혼자 앉아 사색하는 모습은 쓸데없는 공상으로 치부되고, 혼자만의 시간에 대한 욕구는 자발적 고립으로 받아들여진다. 이런 행동들은 종종 교사나 학교 상담사에게 '문제 있는 행동'으로 여겨지고 심지어 치료사를 찾아가야 하는 상황으로까지 이어지기도 한다. 사회가 명백히 긍정적으로 여기는 자질, 이를테면 지적 호기심이나 세상을 깊이 있게 통찰하는 능력조차도 적극적으로 사회적 관계를 추구하는 행동보다는 덜 중요한 행동으로 취급된다.

부모가 자녀의 사회적 앞날을 걱정하는 것은 지극히 자연스러운 일이다. 하지만 이향인 아이를 '고치려 드는' 노력은 아무리 부모의 선의에서 비롯됐다 하더라도 반드시 역효과를 낳는다. 무리에 들어가기를 꺼리는 아이를 공동체식 '정상 상태'로 밀어 넣으려 하면 아이는 자신이 한층 더 비정상적이라고 느끼게 된다. 이는 부모(그리고 다른 모든 사람)가 이향인 아이에게 세상에는 오직 한 가지 존재 방식만 있다고 말하는 것이나 다름없다. 이는 곧 집단이 정체성을 부여하며 '정상적으로 사는 방식은 오직 하나뿐'이라는 메시지로 이어지고, 이 메시지는 이향인 아이에게 해결 불가능한 딜레마를 안긴다. 암시적으로든 명시적으로든 어른들이 집단에 속하고자 하는 욕망이 '정상'이라고 말할 때, 이향인 아이들은 그것을 의심할 이유가 없다. 실제로 주위의 모든 사람이 이 원리에 따라 행동하기 때문이다. 하지만 이것은 이향인 아이들이 실제로 느끼는 것과 동떨어져 있다.

이향인 아이는 초반에는 부모의 걱정을 덜어주기 위해 억지로 또래의 행동을 흉내 내려고 한다. 또래가 좋아하는 것을 즐기는 척하고, 함께할 수 있음을 증명하기 위해 혼자만의 시간을 희생하기도 한다. 하지만 대개는 남들처럼 되려고 애쓸수록 자신이 얼마나 다른지만 더욱 선명하게 깨닫는다. 비록 이향인 자신만이 그 사실을 알 수 있을 뿐이지만 말이다.

자신의 다름을 감추는 데 성공한 이향인 아이는 인기라는 보상을 얻게 된다. 이는 공동체적 아이와 십 대들에게 보편적으로 요구되는 사회적 성취이지만 고독을 선호하는 이들에게는 오히려 인기와 그에 따르는 사회적 의무가 숨 막히는 짐과도 같다.

이향인 아이들에게 어울리라고 다그치면 다그칠수록 그들은 자신의 본능과 싸우고, 시간이 지나면서 불안과 우울을 겪는다. 그러면 부모의 걱정은 더 늘어나고, 괴로워하는 아이를 보며 '혼자 있어서 외로운 것'이라고 오해하게 된다. 이런 식으로 악순환의 고리가 만들어진다.

그렇다면 대체 어떻게 해야 할까? 아이에게서 이향성이 확인되면 부모는 다른 무엇보다도 '내버려두는 기술'을 실천해야 한다. 또래 집단과 어울리지 않고 보내는 시간이 보통 성찰과 탐구, 자기계발에 잘 쓰인다는 점을 알아야 한다. 또한 내면 세계와 교감하는 경험이 공동체와 교감하는 경험 못지않게 충만하고 값지다는 점도 인정해야 한다. 이향인 아이의 필요는 다수의 선호와 다를 수 있다. 하지만 그것은 잘못된 것이 아니라 단지 '다른' 것이다. 이향인 아이를 동아리나 여름 캠프 같은 집단 활동에 억지로 밀어넣어봤자 아무 도움도 되지 않는다는 사실을 깨달아야 한다. 그런 행동은 결국 아이의 마음 건강을 희생시키면서 부모들의 불안만 달랠 뿐이다.

물론 통제권을 내려놓는다는 것이 어린이나 청소년을 자녀로 둔 부모에게 얼마나 어려운 일인지 잘 안다. 부모는 자녀에게 보호 본능을 느낀다. 또한 아이들은 누구나 위험에 빠지지 않도록 어른에게 일정 수준의 보호와 감독을 받아야 한다. 부모는 자신들이 인생을 더 오래, 더 먼저 산 만큼 아직 성숙하지 않은 자녀에게 무엇이 최선인지 알고 있다고 가정한다. 그렇기에 사회적 활동에 관하여 자녀가 스스로 자신의 정체성과 자신에게 무엇이 맞는지 알고 있다는 점을 그들은 인정하지 못한다. 이는 당연한 일이다. 하지만 이향인들은 비록 말로 표현하기에 너무 어려도, 본능적으로 자신이 다르다는 것을 인식하는 존재다.

이런 성향은 후천적 노력으로 고쳐질 수 없는 타고나는 것이라는 점도 기억해야 한다. 이향인 아이를 억지로 집단에 끼워넣는다고 해서 그들이 참여하는 사람이 되지는 않는다. 그런 강요는 불필요한 정서적 고통과 불안을 안겨줄 뿐만 아니라, 부모-자녀 관계까지 심각하게 악화시킬 것이다. 오히려 부모는 비소속성의 본질을 이해하고 받아들이려 노력해야 하며, 아이가 즐겁고 의미 있다고 느끼는 활동에 참여하도록 노력해야 한다.

내 환자 중 한 명은 처음에는 아들의 이향적 성향 때문에 걱정이 많았다. 하지만 상담을 이어가면서 아들의 필요를 제대로 파악한 그녀는, 결국 그의 사회적 삶을 대하는 방식을 근본적으로 달리하게 되었다. 때로는 아들이 무엇을 필요로 하는지 아들 자신보다도 더 명확히 알아차릴 정도가 되었다. 일례로, 그녀의 아들은 다섯 살이 되던 해 자신의 생일을 손꼽아 기다리며 잔뜩 들떠 있었고, 그날을 제대로 기념하고 싶어 했다. 공동체 지향적인 또래들로부터 생일은 즐겁고 마땅히 축하해야 하는 날이라고 배웠기 때문이다. 하지만 그녀는 생일 파티를 열어주면 아들이 괴로워할 것을 알고 있었다. 아이는 아직 어려서 그런 결과를 스스로 예측하지 못할 뿐이었다. 그래서 그녀는 대신 아들과 친구 두 명을 데리고 영화관에 갔다. 어두컴컴한 극장에서 각자 좋아하는 사탕을 골라 먹으며 영화를 보는 구조화된 활동을 마련한 것이다. 아이는 아주 만족했고, 그토록 고대했던 기념일을 제대로 즐기지 못했을 때 필연적으로 따라올 실망과 혼란을 피할 수 있었다.

다음은 부모가 이향인 아이를 있는 그대로 내버려두는 기술을 실천할 때 활용할 수 있는 몇 가지 원칙들이다.

- 아이가 사회적으로 편안해하는 것과 그렇지 않은 것을 관찰하고 파악하자. "하다 보면 좋아하게 될 거야"라면서 이향인 아이를 괴롭게 만들 뿐인 사회적 상황에 억지로 밀어넣는 것은 전혀 도움이 되지 않는다. 대신 아이가 무엇을 하면 즐겁고 무엇을 하면 힘들어하는지 알아내고, 이를 양육의 기준으로 삼자. 그렇다고 해서 부모가 항상 아이의 기호에 맞춰주어야 한다는 뜻은 아니지만, 아이의 기호를 파악하고 고려할 필요

는 있다.

- 일대일 친구 관계를 장려하자. 친구 집단은 보통의 아이들에게 안전감, 소속감, 지지를 제공한다. 이런 집단 안에서 어울릴 때, 아이들은 '나'와 '우리'의 구분이 사라지는 통합된 의식 상태로 바뀐다. 하지만 이향인 아이들은 자신이나 타인을 집단에서 분리된 '독립적 개인'으로만 인식할 수 있다. 이러한 이유로 이들은 일대일 우정을 선호하고, 평소 좋아하는 활동일지라도 집단으로 할 때는 외롭고 지루하다고 느낀다. 따라서 이향인 아이가 큰 집단에서 놀다 보면 친구가 생길 거라 기대하며 억지로 끌어들이기보다 한두 명의 친구와 차근차근 우정을 쌓을 수 있도록 격려하고 기회를 마련해주어야 한다.

- 아이의 특별한 기질을 긍정적으로 바라보는 법을 배우자. 아이가 책임감이 있고 위험을 피할 줄 알며 정서적으로 자립적이길 바라지 않을 부모는 없을 것이다. 이향인 아이는 또래 압력에 쉽게 휘둘리지 않는다. 그래서 철없는 말썽을 부리지 않으며 지켜보는 사람이 없어도 다른 아이들이 흔히 하는 위험한 행동을 하지 않는 믿음직한 아이다. 하지만 부모는 종종 아이가 혼자 있는 시간이 많다는 이유로 이런 긍정적인 특성들을 걱정 속에 묻어버리곤 한다. 게다가 아이에게 좀 더 모험심을 발휘하라'거나 좀 더 위험을 감수하라는 식으로 다그치는 아이러니한(하지만 매우 전형적인) 상황에 빠지기도 한다. 그러

지 말고 아이의 기질 속 긍정적인 면에 집중하라.

- 아이의 직감을 믿어주자. 이향인 아이는 아주 어린 나이에도 자신이 무엇을 원하는지 안다. 자기 자신을 잘 알기 때문에 스스로에게 가장 좋은 선택을 하는 경우가 많다. 물론 어린아이의 본능이나 희망 사항을 그대로 믿는다는 게 직관에 반하는 일처럼 느껴질 수 있다. 또한 부모가 아이의 모든 호불호를 다 맞춰줄 필요는 없다. 하지만 꼭 기억해야 할 것은 이향인 아이는 부모와 상의하거나 조언을 구하지 않더라도 자신에게 가장 이로운 방향으로 행동할 수 있다는 점이다. 이향인 아이를 둔 부모들은 지나고 나서 보면, 아이가 어린 시절부터 본능적으로 자신에게 무엇이 필요하고 무엇이 좋은지를 알고 있었다는 사실을 깨닫곤 한다. 다른 대부분의 아이와 다른 길을 가더라도, 아이가 그 본능을(물론 합리적인 범위 내에서) 따르도록 해주자.

- 특별한 추억을 만들 수 있도록 도와주자. 이향인 아이들은 또래 아이들처럼 '공유된 기억'을 만들지 않는다. 이를테면 수학여행 같은 경험도 자기만의 관점에서만 기억한다. 함께 나눌 집단적 기억이 없기에 이향인 아이들은 자신의 기억을 혼자 지키고 간직해야 한다. 나중에 아이가 이런 특성을 자각하고 나면 어떤 기억을 남길지 좀 더 의도적으로 선택하게 되지만 그전까지는 부모가 아이의 일상에 기억할 만한 순간을 심

어줄 수 있다. 나의 경우, 아이들이 어렸을 때 함께 산책하다가 흥미롭거나 아름다운 것을 보면 "너희는 지금 어린 시절의 추억을 만들고 있는 거야"라고 말하며 주의 깊게 보라고 일러주곤 했다. 사실 이 조언은 이향인 아이에게만 해당하는 얘기가 아니다. 어린 시절의 특별한 순간들을 잊어버리는 아이들이 많은 이유는 지금 보고 있는 것들이 훗날 소중한 추억이 되리라는 사실을 아직 모르기 때문이다. 그걸 알게 해주는 것이 바로 부모가 해야 할 일이다. 나중에 소중한 추억이 될 일들을 아이가 간직할 수 있도록 적극적으로 도와주자.

아이의 이향적 성향을 일찍 파악할수록 부모와 아이 모두에게 엄청난 도움이 된다. 사춘기라는 폭풍우가 들이닥치기 전에 자신만의 방식을 찾을 수 있게 해주어, 혼란스러운 십 대를 온전하게 헤쳐 나가는 데 결정적인 길잡이가 되어주기 때문이다. 이향성을 인식하고 남다른 아이의 특질을 받아들이려는 자세만 있으면 충분히 가능한 일이다.

고난과 시련의 청소년기를
슬기롭게 넘기는 법

16장

그들은 '이향인'이기 이전에 '십 대'다

이향인에게 청소년기만큼 힘겨운 시기는 없다. 이 무렵에는 주위의 모든 아이가 인기나 배경에 관계없이, 또래 집단의 일원이 되기 위해 치열하게 경쟁하기 때문이다. 어떤 면에서 청소년 집단은 일종의 폐쇄적 종교 집단과도 같다. 구성원이 아닌 사람들에게는 문이 닫혀 있고 절대적인 충성을 요구하는 집단 정신에 의해서만 지배된다.

공동체 지향인에게 청소년기는 자신이 어떤 사람으로 변해 가고 있는지 알아가는 시기다. 갓 형성된 독립심을 발판으로 부모의 성격, 가치관, 취향에서 점차 벗어나 자기만의 정체성을 형성해 나가는 시기이기도 하다.

아이러니하게도, 이 시기에 일어나는 '사회적 분류'는 막 형성되기 시작한 자아의식을 발전시키는 주된 기제다. '우리 대 그들'이라는 감각은 집단이 추구하는 이미지, 따르기로 한 규칙, 믿고 중시하기로 한 생각들과 함께 청소년들에게 정체성의 일부로 자리 잡는다. 이는 여러모로 성인이 되기 위한 대규모 예행연습과도 같다. 성인이 되면 대부분의 사람이 자신이 속한 집단과 자신을 깊이, 하나로 연결해 생각하기 때문이다.

하지만 청소년기가 독특한 이유는 이러한 집단 형성이 대부분 우연에 의한 것이어서, 구성원들이 같은 나이에 같은 학교라는 것 외에는 별다른 공통점이 없다는 점이다. 어떤 면에서 청소년 집단은 매일 만나게 된 십 대들의 무작위 모음이라 할 수 있다. 시간이 지나면서 친구 무리가 특정 활동(축구부, 연극반, 음악 동아리 등)을 중심으로 모일 수 있지만, 이런 소집단도 진정한 유대라기보다 단순히 가까이 있고 편리해서 형성되는 경우가 많다. 물론 비슷한 활동을 선택한 청소년들 가운데 일부는 공통의 호기심이나 관심사를 나누기도 하지만 '대학 입시에 도움이 될 것 같아서' 혹은 '부모가 등록시켜서' 등 본질적이지 않은 이유로 참여하는 일도 흔하다. 이렇듯 청소년은 집단의 일원이라는 사실만으로도 충분히 유대감을 느끼고 서로 결속할 수 있다. 반면 성인은 공통된 믿음이나 관심사, 또는 문화적 동질성이 있어야 결속할 수 있다.

이향인에게 십 대 시절은 가장 상처받기 쉬운 시기임이 분명하다. 이 시기에 처음으로 소속되지 않는다는 것이 아프게 느껴지기 때문이다. 본래의 내성적 성향과 주변에서 강요하는 사회적 구조 사이에 낀 이향인은 자기답게 존재하는 것과 십 대로 사는 것이 근본적으로 양립할 수 없다는 사실을 깨닫는다.

청소년기에는 원하든 원치 않든 집단이 개인의 사회적 지위를 결정한다. 또래가 개인에게 이토록 지대한 힘을 발휘하는 시기는 전무후무하다. 그래서 대부분의 청소년은 집단의 규칙이 자신에게 불리하더라도 별다른 의심 없이 이를 받아들인다. 하지만 이향인 청소년에게 집단은 모순적인 존재다. 실제로는 별로 중요하지 않으면서도 동시에 '유일한 선택지'이기 때문이다.

홈스쿨링을 하지 않는 한, 여기서 빠져나가기란 사실상 불가능하다. 군집적 사고에 따라가는 척해야 하는 상황은 이향인의 천성과 맞지 않는다. 그 결과 주변 모든 아이가 남들과 어울리고 인정받으려고 애쓰는 모습을 보며 그들은 자신만 다르다는 느낌을 처음으로 강하게 받는다.

자신의 불편함을 감춰야 한다는 압박감과 청소년기의 호르몬 폭풍이 결합하면 얌전한 반항아였던 이향인이 종종 무모한 가짜 외향인으로 변하기도 한다. 그러나 이런 극단적인 행동 양식의 전환은 이향인에게 자연스럽거나 편한 일이 아니다. 겉으로는 억지로 문제아처럼 보이려 애쓴다 해도, 그들의 진짜 속마음은 끝까지 온순한 본성을 지켜낸다.

보통의 경우 십 대 남자아이들은 큰 목소리로 떠들며 활개를 치고 다녀야 '사회적으로 성공한' 것으로 여겨지지만, 십 대 여자아이들의 사회적 성공은 자신감 있어 보이는 것에 달려 있다. 청소년기의 반항적 성향은 성별을 막론하고 높이 평가받으며, 과감하게 위험을 무릅쓰는 아이들이 자신감 없는 또래들 사이에서 자연스럽게 리더로 떠오르곤 한다. 하지만 시간이 지남에 따라 가식으로 만들어진 사회적 이미지를 유지하려는 고된 노력은 큰 심리적 대가를 치른다. 거칠고 시끄럽게 구는 것이 너무 부자연스럽고 힘들어서, 일부 이향인 십 대들은 긴장을 풀고 가짜 외향인 연기를 좀 더 수월하게 하려고 마약과 술에 손을 대기 시작한다.

M이 바로 그런 경우였다. 20대 초반인 그녀는 내가 예전에 치료했던 그녀의 대모godmother 소개로 나를 찾아왔다. 그녀는 약속 시간보다 거의 30분이나 늦게 진료실에 들어왔는데, 누가 봐도 술에 취해 혀가 꼬이고 몸을 가누지 못해 비틀거리며 쓰러질 지경이었다. 소파에 앉은 그녀의 눈은 풀려 있었고, 눈물 때문에 번진 아이라인이 얼굴에 검은 줄을 그으며 길게 내려와 있었다. 그녀는 인사를 건네고는 옆으로 쓰러지듯 잠들어버렸다.

M은 특권층에 속한 사람이었다. 그녀의 부모는 부유하고 유명했으며, 전 세계 곳곳에 집과 저택을 소유하고 있었다. 또한 요트와 전용기, 소수만 가입할 수 있는 특별 클럽의 회원권도 가지고 있었다. 그들은 돈으로 보낼 수 있는 최고의 사립학교에 M을 보냈다. 이것은 바쁜 부모가 정서적 방치에 대한 죄책감을 돈으로 때우는 그런 경우가 아니었다. 집안의 외동딸이었던 M은 부모의 사랑과 관심을 듬뿍 받으며 자랐다. 그녀의 가족에게 들은 바로는 M은 예쁜 여자아이에서 사랑스러운 십 대 소녀로 성장했고, 자신감 넘치는 매력으로 남자아이들의 관심과 여자아이들의 부러움을 독차지했다고 한다. 그녀는 학업 성적도 뛰어났으며 서핑, 스키, 승마를 즐겼는데, 이 모든 것을 능숙하게 해냈다.

그러다 열네 살이 될 무렵부터 그녀는 변하기 시작했다. 짜증을 잘 내고 변덕스러워지더니 부모와 교사들에게 고함을 지르기 일쑤였다. 위험한 행동들을 일삼기 시작했고 나에게 한 말을 그대로 옮기자면 다소 가혹하게 표현해서 '마약 중독자이자 매춘부'가 되었다. 너무나 갑작스러운 변화였던지라 주변 사람들이 상황을 파악하기도 전에 그녀는 이미 벼랑 끝에 서 있었다. 임신중절 수술을 받고, 손목을 긋기 시작했으며, 연락도 없이 며칠씩 사라졌다가 술에 취해 정체불명의 멍을 달고 돌아오곤 했다. 유명한 청소년 전문 치료사들에게 상담을 받았고 약물 치료도 시작했다. 성격을 바로잡고 규율을 배우길 바라는 마음에서 부모는 그녀를 야생 체험 프로그램과 기숙학교에 보냈다. 하지만 이런 조치들은 오히려 그녀의 분노와 좌절감, 문제 행동만 부추기는 꼴이 되었다.

그녀는 양극성 장애와 경계선 성격장애를 포함해 여러 진단을 받았고, 해당 분야 전문가들에게 치료받았다. 성인이 되면서부터는 뉴욕과 로스앤젤레스를 오가며 지냈는데, 그곳에서 그녀는 젊고 세련된 유명 인사들 무리 속에 자연스럽게 받아들여졌다. 그러나 그녀에 대한 악평은 무리 안에서 빠르게 퍼져나갔고, 망나니들 사이에서도 가장 문제적 인물로 알려졌다. 내가 그녀를 만났을 때가 바로 이 시기였다. 스물세 살에 불과했지만 그녀는 이미 지치고 희망을 잃은 상태였다.

내 진료실에서 술에 취해 쓰러져 잠든 첫 상담 이후, M과 나는 빠르게 친밀감을 형성했다. 얼마 지나지 않아 그녀의 까칠하고 따분해하던 태도는 사려 깊고 정중한 모습으로 바뀌었다. 다만 진료실 밖에서의 행동 양상은 달라지지 않았다. 여전히 사람들의 입에 오르내릴 만큼 파티와 음주로 가득한 방탕한 삶을 살았다. 하지만 그녀가 태평한 척하는 가면을 벗을 수 있었던 진료실 안에서는 슬픔과 공허, 절망에 관한 이야기가 펼쳐졌다.

내가 만나온 유명인들 가운데서도 공적인 이미지와 사적인 자아가 크게 다른 경우는 꽤 흔하게 있었다. 다만 내 경험상, 이런 사람들 대부분은 자신이 가진 사회적 지위를 즐기며 살아간다. 그들은 외부로부터, 즉 자신을 우러러보는 주변 사람들에게서 자존감을 얻기 때문에 대중 앞에서는 가짜 모습을 유지하려고 애쓴다.

하지만 M의 경우는 달랐다. 그녀는 주변의 모든 사람을 경멸했고 자신에 대한 악평을 견딜 수 없어 했다. 겉으로는 드러내지 않았지만, 그녀는 파티를 몹시 싫어했고 그냥 집에서 개와 함께 지내며 그림 그리는 것을 더 좋아했다. 다른 일들도 즐겼지만 그 어느 것도 그녀의 실제 삶의 방식과 맞지 않았다. 진짜 자기 자신의 모습이라고 느끼는 순간은 혼자 있을 때뿐이라고 그녀는 내게 털어놓았다. 집을 나서는 순간, 친구 무리가 집에 들이닥치는 순간, 혹은 새로운 남자가 그녀에게 다가오는 순간, 그녀는 다른 사람이 되어버렸다. 술은 그녀가 대중 앞에서 난폭하게 행동하도록 부추겼지만 결국 잘못된 선택을 내린 건 그녀 자신이었다.

M은 조울증 환자도, 자살 충동에 시달리는 사람도, 알코올 중독자도 아니었다. 그녀는 이향인이었다. 어린 시절 그녀는 손쉽게 사회적 세계의 여왕으로 군림했지만 사춘기가 시작되면서 모든 것이 바뀌었다. 친구들이 단합해서 어른들의 세계와는 단절된 독자적 집단을 만들기 시작한 것이다. M은 여왕의 자리에 있었음에도 그 집단의 진정한 일원이라고 느낄 수 없었다. 다른 아이들에게는 흥미롭고 중요해 보이는 일이 그녀에게는 전혀 와닿지 않았고, 그 이유를 찾을 수 없었다. 그녀에게는 인생을 즐길 이유가 충분했다. 어린 시절은 행복했고, 상상할 수 있는 모든 물질적 풍요를 누리고 있었으며, 누구나 그녀와 친구가 되고 싶어 했다. 누가 봐도 축복받은 그러한 삶을 살고 있음에도 M은 깊은 불행 속에 있었고, 그 원인을 알지 못했다.

집단과 동떨어진 감정을 느끼는 것이 부끄러워서 그녀는 어울리는 척할 수밖에 없다고 생각했다. 인기 있고 유명해지기보다는 집에 혼자 머물며 자취를 감추고 싶었지만 그렇게 하면 주어진 것에 감사하지 않는 사람처럼 보일 것 같았다. 태어났을 때부터 온갖 혜택을 받았으니, 운명이 자신에게 부여한 배역을 연기해야 한다고 생각했다. 그녀에게는 인기가 거의 없는 친구가 있었는데, 그 아이는 그 사실을 전혀 개의치 않는 듯했다. M은 그럴 수 있는 친구의 능력이 부러웠다.

그런 고민은 M이 술을 발견하면서 단번에(적어도 그녀의 마음속에서는) 해소되었다. 술을 마시면 모든 불편함, 억눌림, 소극성이 사라졌다. 그녀는 술자리에서 가장 시끄럽고 가장 제멋대로 구는 사람이 되었고, 덕분에 자신이 '정상'이라고 느낄 수 있었다. 하지만 그것은 진짜 그녀가 아니었다. 그녀는 애초에 원하지도 않던 악명을 억지로 얻으려 하면서 자신을 소모해왔음을 깨닫게 되었다. 자신이 원해서가 아니라 처한 환경이 인기 있는 사람이 되어야 한다고 강요했던 것이다. 그 가짜 모습을 유지하기 위해 그녀는 술에 의존할 수밖에 없었다.

자신이 이향인임을 깨닫자 모든 것이 제자리를 찾았다. 그리고 그 깨달음은 술을 끊고, 파티에 끌고 다니며 마약을 건네던 최악의 아첨꾼들과의 관계도 끊게 해주었다. 대신 그녀는 동물을 사랑하는 마음에 깊이 몰두해 동물 보호소에서 일하기 시작했다. 이후에는 결국 농장을 사들여 이주한 뒤 동물 보호구역을 운영하게 되었다.

M의 이야기는 오해받은 이향인 십 대가 주변의 어른들과 또래의 부추김 속에서 어떤 모습으로 살아갈 수 있는지를 보여준다. 하지만 모든 이향인 청소년이 M처럼 자기 파괴적인(적어도 위험한 행동에 뛰어든다는 의미에서는) 모습을 보이지는 않는다. 실제로 많은 이들이 매우 다른 경험을 한다.

일반적으로 이향인은 남녀를 불문하고 자신이 주목받는 것에 대해 매우 복잡한 감정을 느낀다. 집단에 잘 보이려 위험을 감수하는 행동이 어리석고 자기 파괴적으로 느껴지기에, 대부분의 십 대 이향인은 무모하게 굴기보다는 그저 눈에 띄지 않고 섞이려 한다. 하지만 순응하려는 노력, 즉 어울리기 위해 자아를 희생하려는 시도 또한 이향인에게는 가짜 외향인 연기만큼이나 자연스럽지 않다. 재미없다고 생각하는 것에 관심 있는 척하고, 전혀 관심 없는 일들에 남들처럼 흥분하는 척 연기하는 것이 이향인에게는 정신적으로 큰 부담이다. 게다가 이런 연기를 지속하기가 요즘 들어서는 더더욱 힘들어졌다. 소셜미디어와 인터넷에서 유지해야 하는 지속적인 존재감과 노출 정도가 이향인 청소년들이 숨 돌릴 틈을 주지 않기 때문이다.

열두 살짜리 이향인 딸을 키우는 어머니의 설명에 따르면 요즘은 단순히 테일러 스위프트Taylor Swift를 좋아한다고 (사실은 그렇지 않으면서도) 선언하는 것만으로는 끝나지 않는다고 했다. 그 연기를 계속하려면 SNS에서 테일러 스위프트의 노래 가사를 인용해야 하고, 콘서트 표를 사려고 온라인에서 몇 시간 동안 사투를 벌였는지 소셜미디어에 인증해야 한다. 오늘날 많은 청소년들이 공개된 소셜미디어에서 일상의 대부분을 보낸다는 사실은, 십 대 이향인의 취약성을 한층 더 심화시킨다. 이 시기는 그들이 또래들을 부러워하며 자기 모습 그대로 살기가 너무 어렵다고 느끼는 유일한 시기이기 때문이다.

그런 까닭에 부모는 십 대 자녀가 가진 이향적 성향을 눈치 채고, 그로 인한 어려움을 인식하는 것이 무엇보다 중요하다. 눈여겨봐야 할 신호들은 다음과 같다.

- 십 대 특유의 갈등, 인기 경쟁, 험담이나 뜬소문에 관심을 보이지 않는다.
- 자신의 사회적 지위나 다른 사람들에게 보이는 모습과는 맞지 않는 열등감이나 이질감을 느낀다.
- (현실이나 소셜미디어에서) 본래 모습과는 전혀 다른 과도하게 외향적인 인격을 갑작스럽게 연기한다.
- 파티에 참석하거나 성인식, 졸업식 같은 통과의례를 치르는 데 거부감을 느낀다.
- 또래와는 전혀 다른 옷차림을 하고 다른 음악을 들으며 다른 활동에 관심을 보인다.
- 어린 시절에는 운동을 좋아했던 아이가 십 대가 되어서 갑자기 팀 스포츠를 거부한다.
- (실제로는 그렇게 하지 못하더라도) 혼자 있는 시간을 더 원하고, 집단보다 친구와 일대일로 어울리기를 선호한다.
- 실용적이고 무모한 시도를 꺼리며 성인 수준으로 위험을 판단하는 능력을 보인다.

이 중 몇 가지 특성을 보인다고 해서 당신의 십 대 자녀가 반드시 이향인인 것은 아니다. 하지만 이런 특성들을 거의 다 가지고 있다면 이는 그 아이가 이방인이 된 듯한 기분으로 살아가고 있다는 신호일 수 있다. 만약 그렇다면 내면의 반항심을 자극하지 않는 방식으로 '이향인 십 대'에게 접근하는 것이 중요하다. 다시 말해 자녀가 '이향인'이기 이전에 '십 대'라는 점을 잊지 말아야 한다. 부모는 집단의 방향성과 맞지 않는다고 느끼는 데서 오는 혼란, 수치심, 소외감을 자극할 수 있는 말을 피하고, 대신 이향인이 십 대 생활에서 중요하게 여기는 가치와 행동이 다른 아이들과 다르다는 점을 짚어줘야 한다. 처음에는 아이가 이런 대화 자체를 거부할 수도 있지만 부모가 최선을 다해 자녀가 이향적 성향을 자기 정체성의 한 부분으로 이해하고 받아들일 수 있도록 돕는 일이 무엇보다 중요하다.

십 대 아이가 고난의 청소년기를 상처받지 않고 지나갈 수 있다면 그는 자기 자신 말고는 다른 누구도 되고 싶지 않다는 마음으로 성장하게 될 것이다. 이 시기를 어떻게 헤쳐 나가느냐에 따라 자신이 즐기고 잘하는 일에 몰두하며 풍요로운 삶을 살아갈 수도 있고, 이룰 수 없는 목표를 좇다 후회로 점철된 삶을 살 수도 있다.

집단에 동화하려는 성향이 가장 강한 나이인 청소년에게 개인주의적 삶을 찬양하는 이야기를 하면 오히려 그들을 불안하게 하고 뒤로 물러서게 만들 수 있으니 조심해야 한다. 시간이 지나면 결국 이향인 십 대 대부분은 또래 집단에서 느꼈던 '나는 부족해', '나는 이상해'라는 감정들을 넘어서고, 자신의 다름을 이해하고 받아들일 마음의 여유를 갖게 된다. 그때 비로소 보다 진정성 있고 충만한 삶을 살아갈 수 있게 되는 것이다.

이향인이
친밀한 관계를 맺는 방법

17장

성향은 옳고 그름의 문제가 아닌
이해와 수용의 문제다

　최근 30대 후반의 한 이향인 여성(그녀를 R이라고 부르겠다)이 자신이 연애 생활에서 겪는 어려움을 나에게 토로했다. 그녀는 결혼을 간절히 원했지만, 수년간 온라인 데이팅 앱을 통해 사람을 만나왔음에도 아무런 성과가 없었다고 털어놨다. 그러더니 단도직입적으로 내게 물었다. "제가 공동체 지향인과 깊은 관계를 맺을 수 있을까요? 아니면 저처럼 소속감을 못 느끼는 사람하고만 어울릴 수 있는 걸까요?"

　다원적 사회에서 이향인의 비율이 현저히 낮다는 점은 이향인 파트너를 만날 확률 또한 떨어뜨린다. 또 이향인은 공개된 장소에 있는 것을 힘들어하기 때문에, 파티나 붐비는 술집보다는 우연히 혹은 온라인에서 연애 상대를 만날 가능성이 높다. 그리고 이런 어려움은 사람들이 보통 연애에 눈을 뜨는 시기에 대부분의 이향인이 자신의 비소속성을 제대로 이해하지 못하고, 집단에 속한 이들에게 위축감을 느끼며, 남들처럼 보이려 애써도 번번이 실패한다는 사실 때문에 더욱 심해지곤 한다.

　하지만 이향인이 시련의 청소년기를 지나 자기 정체성에 대한 분명한 감각을 갖게 되면 세계관을 공유하는 연인을 찾는 일이 훨씬 쉬워진다. 그리고 그런 사람을 만나면 강한 유대를 빠르게 형성할 수 있다. 본디 이향인은 예리한 관찰자이자 공감 능력이 뛰어난 사람이기 때문이다. 게다가 진지하게 오래 지속되는 연애에서는 이향인이 자신의 비소속성을 성공적으로 숨기기가 사실상 불가능하다. 시간이 지나면 결국 가면은 벗겨지고, 있는 그대로의 모습으로 연인 앞에 설 수밖에 없다.

두 사람 모두 이향인일 때, 그들은 서로의 경계를 존중하고 사회적 관습보다는 상호 이해를 바탕으로 관계를 구축해간다. 이향인 커플은 자신뿐 아니라 다른 개인들에게도 높은 감수성을 지니고 있어서 친밀하면서도 서로에게 얽매이지 않는다. 그들은 사회적 관습에 대한 강한 내적 저항을 토대로 서로를 존중하는 굳건한 유대를 형성한다. 또한 서로에게 지극히 충실하며 상대를 지켜주려는 태도를 보인다. 상대방의 성취를 질투하거나 그로 인해 위협받는다고 느끼지도 않는다. 똑같이 틀에 박히지 않은 사고방식을 가진 그들은 서로의 창의적 아이디어와 참신한 생각에 큰 흥미를 느낀다. 이런 점이 두 사람의 관계에 독특한 역동성을 만들어내고 그 안에서 창의성과 끊임없이 새로워지려는 노력은 관계 유지에 필수적인 요소로 자리 잡는다.

커플은 대체로 서로 다른 사회적, 문화적 정체성을 가진 두 사람의 결합이다. 이런 정체성은 서로를 이해하는(혹은 더 자주 그렇듯 오해하는) 방식에 영향을 미친다. 예를 들어, 한쪽은 독실한 가톨릭 신자이고 다른 한쪽은 무신론자인 경우, 혹은 한쪽은 상위 1퍼센트 가정에서 자랐고 다른 한쪽은 그날그날 벌어서 먹고산 경우를 생각해보자. 공동체 성향의 커플에게 이런 차이는 각자의 정체성과 깊이 맞닿아 있어 반복적으로 갈등과 문제를 불러오는 원인이 된다. 반면 이향인 커플은 그런 부담이 없다. 설령 두 사람의 종교적 배경, 사회 계층, 민족적 정체성이 매우 다르다 해도, 애초에 그런 것들에 유대감을 느끼거나 충성심을 보이는 일이 거의 없기 때문이다. 따라서 이러한 차이점들이 갈등이나 마찰로 번질 가능성은 희박하다고 봐도 무방하다.

물론 이향인 커플도 다른 커플들처럼 다투고 사소한 문제로 의견 충돌을 겪기도 한다. 하지만 자녀 양육, 가족 의무, 사회 생활 방식처럼 중요한 문제에서는 거의 의견 차이가 없다. 있다고 하더라도 대개 정도의 차이에 불과하다. 예를 들어, 한쪽은 꼭 지켜야 할 사회적 의무라고 생각하는 일을 다른 쪽은 굳이 필요하지 않다고 여길 수 있는 정도다. 또 본래 성향이 겉으로는 수용적인 편이라서 상대방과 정면으로 대립하는 확고한 견해도 설득 앞에서는 태도를 누그러뜨릴 수 있다. 이향인들끼리 커플이 되는 게 편한 결정적인 이유는 하나다. 두 사람이 타고난 감각으로 공동체 지향인들은 결코 알 수 없는 것, 즉 소속감 없이 사는 삶을 자연스럽게 이해할 가능성이 가장 높기 때문이다.

다시 R이 내게 던졌던 질문으로 돌아가 보자. 이향인은 비이향인과도 성공적이고 지속적인 연애 관계를 맺을 수 있을까? 처음에는 소속감을 추구하는 사람이 비소속인을 이해하기 어렵고 그 반대도 마찬가지여서, 세상을 바라보는 방식이 매우 다르고 그에 따라 서로 간에 다양한 오해가 생길 수 있다. 특히 대부분의 사람이 타협할 수 있다고 여기는 문제에 대한 강한 거부감, 누구나 재밌다고 여기는 일에 대한 무관심, 겉으로는 매우 유연하고 사려 깊어 보이지만 속으로는 흔들리지 않는 확고한 신념(혹은 고집처럼 보일 수도 있다)을 지닌 이향인의 모습은 비이향인 파트너를 당혹스럽게 만든다. 그리고 시간이 지나며 관계가 깊어질수록 이향인이 지닌 어떤 냉담함, 전통이나 사교 모임에 대한 거부감, 집단 속에서 드러나는 어색함에 비이향인은 답답함을 느끼기도 한다. 특히 그 상대가 대단히 사교적이거나 명절마다 대가족이 모이는 환경에서 자랐거나 혼자 참석하기 민망한 각종 행사에 참석해야 하는 직업을 가진 경우라면 더욱 그렇다. 그렇기에 대부분의 '혼합' 커플(이향인과 공동체 지향인이 맺은 관계)은 성공적인 관계 유지를 위해 더 많이 노력을 기울여야 한다. 하지만 그것이 결코 나쁜 일은 아니다!

커플이 겪는 여러 가지 불일치는 사실 서로를 알아가는 훌륭한 기회이기도 하다. 물론 타협점을 찾고 이해를 구하는 데 노력을 더 많이 기울여야 할지도 모르지만, 이러한 노력은 결국 더 친밀하고 깊이 있는 유대라는 결실로 이어진다. 반면, 두 사람 모두 공동체 성향인 커플은 초기에 서로 알아가는 시기를 넘어서면 상대를 더 깊이 이해하기 위해 시간이나 노력을 거의 들이지 않는 경우가 많다. 함께 지내다 보면 언젠가는 자연스럽게 공통점을 찾게 되리라 가정하기 때문이다. 하지만 가만히 생각해보면,

생판 남이었던 사람과 평생을 함께 살아간다는 발상 자체가 정신이 아득해질 정도로 신기한 일이다. 그런 일에 미리 대비할 방법은 없다. 게다가 두 사람이 세상을 똑같은 관점으로 바라볼 거라는 생각은 인간 의식에 대해 우리가 알고 있는 모든 것에 대한 모독이나 다름없다. 그런데도 대부분의 사람은 깊은 관심을 가지지도 않고 서로의 말에 귀를 기울이지 않으며 상대방의 관점에서 세상을 보려는 진정성 있는 노력을 좀처럼 하지 않는다.

이 지점에서 이향인과 공동체 지향인의 혼합 커플 관계가 빛을 발한다. 보통 연인 사이에서 시간이 지나야 알게 되는 차이보다 이향인과 공동체 지향인 파트너 사이의 차이는 훨씬 빨리, 그리고 눈에 띄게 드러난다. 다시 말하지만, 이런 마찰은 오히려 바람직하다. 두 사람이 초반부터 서로의 차이를 고려할 수 있도록 해주기 때문이다. 한편, 빠질 수 없는 사교 모임에서 잡담을 도맡아 처리해줄 의향과 능력이 있는 파트너가 있거나 같이 어울려 놀 수 있는 친구가 많아서 다른 한 사람은 혼자만의 시간을 마음껏 즐길 수 있게 해주는 파트너가 있다면, 이는 이향인에게 엄청난 안도감을 가져다줄 수 있다. 그리고 처음부터 서로의 기대치를 명확히 정해두면 이런 것들로 인해 갈등이 생기는 일은 별로 없다.

이향인 파트너는 시간이 흐르고 아무리 노력한다 해도, 삶의 공동체적 측면들을 좋아하기는커녕 익숙해지는 것조차 힘들다.

이향적 성향은 나이가 든다고 사라지는 특성이 아니며 또 그렇게 되기를 바라서도 안 된다. 하지만 공동체 지향인 파트너가 이향인의 핵심적 특징을 이해하고 나면 서로에게 의존하지 않으면서도 친밀감을 나눌 수 있다. 서로의 필요에 대한 가치 판단을 내리지 않고 공감하는 태도를 보이면 다양한 해결책을 찾을 수 있는 길이 생긴다.

예를 들어, 사교적인 사람과 결혼한 이향인은 배우자가 파티나 단체 여행 같은 사회적 행사에 참석해야 할 필요가 있음을 이해한다. 동시에 자신은 배우자의 왕성한 사회생활에서 제외되어도 전혀 불편함을 느끼지 않는다. 따라서 사교적인 성향의 배우자가 혼자 그런 자리에 가는 것에 대해 어느 쪽도 서운함을 느끼지 않고 꽤 손쉽게 상호 이해에 도달할 수 있다. 만약 한쪽이 다른 부부들과 저녁 식사를 즐기는 성향이라면 여러 쌍을 한 번에 부르지 않고 한 번에 한 부부하고만 만나는 방식으로 조율할 수도 있다.

한 이향인 여성은 내게 이런 얘기를 해주었다. 그녀는 남편과 함께 친구들을 만나러 갈 때면 언제나 미리 귀가 시간을 정해두고, 친구들이 더 늦게까지 놀자고 할 경우를 대비해 쓸 핑계도 준비해둔다고 말했다. 그렇게 정해두어야 자신은 감당하기 힘들만큼 모임이 길어질지 모른다는 불안을 덜 수 있고, 남편은 아내가 속으로는 집에 가고 싶어 안절부절못하고 있으면 어쩌나 걱정하지 않으면서 친구들과 어울릴 수 있다고 말이다. 이처럼 어쩔 수 없이 한쪽이 양보해야 할 때도 서로의 성향이 옳고 그름의 문제가 아니라는 상호 이해가 있으면 양측 모두 받아들일 수 있는 절충안을 마련할 수 있다.

이향인들은 관계에 특별한 무언가를 더한다. 이향인과 연인 관계를 맺을 때 얻을 수 있는 몇 가지 장점은 다음과 같다.

언제나 상대를 최우선으로 둔다. 집단 사회는 커플을 사회 관계망의 한 구성 단위로 취급한다. 이 관계망에는 가족, 친구, 이웃, 동료도 포함되는데, 이들은 흔히 커플이 서로에게 쏟을 시간과 관심을 놓고 다투는 합당한 경쟁자로 여겨진다. 하지만 이향인들은 이런 식으로 집단을 우선시하지 않는다. 그들은 연인에게 온전히 집중하고 가정생활에 깊이 헌신하며 직업이나 사회적으로 인정받는 다른 성공의 기준보다 가족에게 우선순위를 둔다.

또한 이들은 친밀감을 만들어내는 타고난 능력이 있다. 우리는 살아가면서 집단 안에서 어떻게 행동해야 하는지에 대한 암묵적인 지침과 훈련을 받지만 커플로서 어떻게 살아야 하는지에 대해서는 아무런 가르침도 받지 못한다. 여럿이 어울리는 데 필요한 능력과 둘만의 깊은 관계를 만드는 데 필요한 능력은 별개다. 한쪽에 능하다고 해서 다른 쪽에도 능한 건 아니다. 이향인은 사회적 기술 면에서 일부 부족한 부분이 있지만 친밀한 관계를 만들어가는 데 탁월한 능력으로 이 부족한 부분을 충분히 보완한다.

마지막으로 이들은 관계를 집단의 틀에 끼워 맞추려 하지 않는다. 이향인은 모든 관계에 똑같은 공식을 적용할 수 없다는 것을 안다. 사실, 다른 커플의 관계를 본떠 흉내 내거나 사회가 말하는 건강한 관계의 기준에 맞추려는 시도가 수많은 결혼을 불행으로 이끄는 주된 이유다. 이향인은 타인의 기준이나 지침을 따르지 않고도 무엇이 옳은지 스스로 감지하는 능력을 지니고 있는데, 바로 이런 능력이 연애 관계는 물론 모든 인간관계에서 귀중한 자산이 된다.

요컨대, R 같은 이향인은 절망할 필요가 없다. 이향인으로서 그녀에게 필요한 건 파트너의 이해라기보다는 수용이다. 그것만으로도 훌륭하고 상호보완적이며 지속 가능한 관계를 만들어갈 수 있다.

소속될 수 없는 사람이 직업적으로 성공하려면

18장

그들은 오케스트라 단원이 될 수 없는 솔리스트다

성인이 된 이향인은 삶을 어떻게 꾸려갈지 스스로 선택할 수 있다. 특히 어떤 관계를 키워나갈지(혹은 키우지 않을지), 여가 시간을 어떻게 보낼지 자신이 결정한다. 자신에게 도움이 되지 않는 관계나 활동을 피하는 건 비교적 쉽다. 하지만 대부분의 이향인(그리고 다른 공동체 지향인들에게도)이 피할 수 없는 공동체적 생활의 한 측면이 있으니, 바로 일이다.

어떤 직업을 택하든 어느 정도의 협업, 합의, 공동체적 의례 참여(회사 송년회 참석부터 스몰 토크의 정치학을 헤쳐 나가는 일까지)는 필요한 법이다. 그리고 이는 곧 일터가 종종 이향인의 조용한 반항심이 가장 크게 시험받는 무대가 된다는 뜻이기도 하다. 그렇지만 꼭 그렇게 될 필요는 없다. 이향인이 자신에게 필요한 근무 환경이 무엇인지, 또 자신이 잘할 수 있는 일이 무엇인지 충분히 고민해본다면 말이다.

대부분의 사람이 참고 견디며 혹은 잘 적응해서 만족하며 다니는 직장 환경이 이향인들에게는 도저히 맞지 않는다. 조종사, 교사, 연구원처럼 협업을 전제로 하는 직업은 이향인에게 지나친 에너지 소모를 일으켜 정작 본인 일을 하는 데 쓸 에너지를 바닥나게 만든다. 반면 독립적으로 일할 수 있는 직업, 예를 들어 컨설턴트, 작가, 사진작가, 1인 기업가, 프리랜서 계약자 같은 직업은 이향인에게 잘 맞을 가능성이 크다. 고위직이거나 명망 있는 직업이 아니어도 된다. 스스로 의사결정을 내릴 수 있고 다수의 합의에 얽매이지 않으며 독자적으로 아이디어를 낼 수 있는 자유가 보장된다면 충분하다.

대기업 인사 관리자로 일하던 D는 절박한 심정으로 나를 찾아왔다. 그녀는 유능하고 일도 잘했지만 한곳에 오래 머물지 못하고 직장을 계속 바꿔댔다. 패턴은 늘 똑같았다. 새 직장에서 일을 시작할 때는 활기가 넘치고 아이디어가 샘솟으며 동료들과도 쉽게 친해지며 마침내 정착할 수 있는 곳을 찾았다는 느낌을 받았다. 하지만 시간이 조금 지나면 감정적 피로가 쌓이는 걸 느끼기 시작했다. 뒤이어 우울감과 극심한 무력감이 찾아와 아주 일상적인 회의에 참석하는 것조차 힘들어졌다. 월요일이 오는 게 온몸이 거부반응을 일으킬 정도로 싫었다. 하루 종일 퇴근 시간만 손꼽아 기다렸고, 녹초가 되어 기운 빠진 상태로 겨우 집에 돌아왔다. 이런 일이 여러 번 반복되었지만 그 이유를 자신조차 설명할 수 없었다. 직장에서 특별히 이런 기분을 불러올 만한 일은 없었지만, 그녀는 자신의 우울감이 전적으로 일 때문이라고 분명히 느꼈다.

그녀는 여러 치료법을 시도해본 끝에 아무 도움이 되지 않는다고 판단하고 나를 찾아왔다. "어쩌면 직장에서 무슨 일이 일어나서가 아니라 직장 자체가 당신을 힘들게 하는 걸지도 몰라요." 내가 이렇게 말하자 그녀는 이 말이 자신의 상황과 무슨 관련이 있는지 모르겠다는 반응을 보였다. 나는 조심스럽게 말을 이었다. "지금 하는 일이 당신과 맞지 않는 걸 수도 있죠." 그녀는 여전히 내 의견에 감흥을 느끼지 못하는 듯했다. 그녀는 이 일이 평생 해온 일이고 자신의 전문 분야라고 말하며 덧붙였다. "게다가, 전 인사 업무를 정말 좋아해요."

나는 그녀가 가진 재능과 전문성을 다른 환경에서 발휘할 방법을 찾아야 한다고 생각했다. 우리는 그녀가 겪어온 다양한 근무 환경을 함께 살펴보았다. 그리고 곧 그녀가 '조직이 차질 없이 돌아가도록 관리하는 일'보다는 특별 과제를 수행하는 데 훨씬 뛰어나다는 사실을 알게 되었다. 정기 회의, 콘퍼런스, 원탁 토론 세미나 같은 자리는 그녀에게 고되고 지치기만 한 일이었으며, 그녀는 그 모든 일이 엄청난 시간 낭비라고 생각했다. 그녀의 업무는 항상 개별 프로젝트와 각종 회의가 매일 뒤섞여 있는 형태였다. 이렇게 분리시켜 살펴보자 그녀는 자신을 지치게 하는 것이 인사 업무 전체가 아니라 그중 일부 요소(주로 회의)임을 깨달았다.

시간이 지나면서 그녀는 '기업 세계'에 남아 있는 한 자신이 원하는 직장을 찾을 수 없으리라는 사실을 깨달았다. 그녀에게 활력을 불어넣는, 독립적이고 자기 주도적인 업무에만 전념할 수 있는 그런 직장 말이다. 그녀는 오케스트라 단원으로는 연주할 수 없는 솔리스트였던 것이다. 결국 그녀는 독립성 욕구를 충족시켜줄 수 있는 인사 컨설팅 회사를 직접 차리기로 결심했다.

스스로 사장이 되면 근무 시간 동안 자신이 하고 싶은 일만 할 수 있을 터였다. 8년이 지난 지금, 그녀의 회사는 번창하고 있으며 그녀의 재능은 훨씬 더 잘 활용되고 있다. 그리고 무엇보다 그녀는 이제 매주 월요일을 고대하게 되었다.

D의 사례는 이향인이 자신의 시간을 어떻게 쓸지 스스로 통제할 수 없는 경직된 제도 속에서는 성공하기 어렵다는 점을 보여준다. 그녀의 사례는 결코 드문 일이 아니다. 내가 상담했던 여러 이향인도 비슷한 상황에서 제 역할을 해내기 어렵다고 호소했다. 그들은 아무리 애써도 고분고분하게 굴고 무난하게 어울리며 규율에 맞춰 순응할 수 없었다.

사실 이향인의 성향은 회사 생활에서 흔히 요구되는 여러 요소와 맞지 않는다. 하루에도 몇 시간씩 의미 없는 회의에 끌려다녀야 하고, 온갖 규제와 관료주의 때문에 프로젝트가 지연되며, 권력 다툼과 이른바 '사내 정치'에서 살아남는 것까지 이향인에게는 모두 지치는 일이다. 더 끔찍한 부분은 동료와 고객, 그리고 끝없이 쌓이는 이메일에 빈번히 방해받는 환경 속에서 일하면서 자신들의 의견과 아이디어가 집단적 합의라는 이름 아래 배제되는 것을 지켜봐야 한다는 점이다.

이 모든 상황들이 이향인들에게는 극도로 피곤한 일이다. 결국 머지않아 그들은 혼자서 일할 때, 즉 스스로 결정 내리고 성공과 실패에 오롯이 책임지는 환경에서 최고의 성과를 낼 수 있다는 사실을 알게 된다. 공동체 지향인들에게는 공포스러운 조건일지도 모르는 물어볼 사람도, 상의할 사람도, 책임을 나눌 사람도 없는 상황에서 이향인들은 그 어느 때보다 자유롭게 그들이 가장 잘하는 일을 할 수 있다. 그것은 바로 집단의 논리를 벗어나 창의적이고 폭넓게 사고하는 것이다.

올바른 직업이나 경력의 선택은 누구에게나 매우 중요한 일이지만 이향인에게는 특히 더 그렇다. 그 이유 중 하나는 이향인이 삶을 일 영역, 여가 영역, 가족 영역처럼 나눠 살지 않는다는 데 있다. 그들에게는 그들의 내면 세계(어디에 있든 함께 존재하는)가 삶의 중심이다. 따라서 내면 세계와 맞지 않는 일터에서 이향인이 제대로 힘을 발휘하며 성장하기란 거의 불가능하다.

이향인은 자신의 안전지대 안에 자리 잡았을 때 엄청난 생산성과 성취를 발휘할 수 있다. 그 성취가 겉으로 눈에 띄는 종류가 아닐 수도 있지만 말이다. 가장 유명한 이향인이라 할 수 있는 아인슈타인은 어린 시절 지적 장애가 있다고 여겨졌고 결국 고등학교를 중퇴했다. 상대성 이론을 구상한 20대 초반, 그는 스위스 정부 특허청에서 사무원으로 일하고 있었다. 그 일은 그가 책상에서 혼자 생각에 잠길 시간과 공간을 허락하면서도 그의 하루에 충분한 틀을 제공해 그가 방황하지 않도록 해주었다.

이향인은 직무가 요구하는 조건에 자신을 끼워 맞추기보다는 자기 능력과 한계에 맞게 직장 생활을 조율하려 한다. 따라서 자신만의 안전지대를 만드는 것이야말로 그들에게 필요한 직업적 성공의 핵심이라 할 수 있다. 이 밖에도 이향인이 직업적으로 성공하는 데 도움이 되는 조건들은 다음과 같다.

- 관습에 얽매이지 않는 사고가 성공의 필수 조건이 되는 직업
- 타인과 접촉하는 시간과 혼자 있는 시간을 균형 있게 조율할 수 있는 직업. 다른 사람들과 쉴 틈 없이 상호작용을 해야 하는 직업은 이들에게 맞지 않는다. 직접 상호작용을 하지 않더라도 주변에 다른 사람이 있기만 해도(이를테면 개방형 사무실이나 열린 문 정책을 도입한 사무실 같은 곳) 이향인은 몹시 산만해지는데, 이들은 '언제든 교류할 준비가 된 상태'를 유지할 수 없기 때문이다.
- 집단 안에서 자신만의 역할이 나머지와 분명히 구별되는 직업(이는 사교 자리에서 이향인이 특정 역할을 맡으면 편안해지는 것과 비슷하다)
- 자영업 또는 추후 자영업으로 이어질 수 있는 직업. 컨설턴트, 프리랜서, 개인 사업자 등이 대표적 예다. 단, 일상 업무에 전화 영업, 권유 활동, 다수의 공급업체와 정기적으로 소통해야 하는 업무는 포함되지 않아야 한다.
- 리더십을 발휘할 수 있는 역할. 이향인은 타고난 리더다. 권위 앞에서 속으로 반발심을 품는 이향인은 다른 사람들의 규칙,

규제, 변덕에 휘둘리기보다 그들에게 무엇을 해야 하는지 지시하는 편을 선호한다.

- 창의적 활동을 위한 시간을 보장할 뿐 아니라 그 자체로 창의적 성격을 지닌 직업
- 예측 가능한 일상이 보장되는 직업. 출장이 잦지 않고 근무 장소 밖에서 열리는 회의나 콘퍼런스도 많지 않은 형태가 바람직하다.

공동체 지향인은 아무리 고되고 무의미한 일이라도 생계를 위해 감내할 수 있지만, 이향인은 일에서 만족감을 느끼지 못하면 그냥 넘어가지 못한다. 예컨대 이향인은 "이 일을 하다 보면 혼자 생각할 시간적 여유가 전혀 없지만, 그래도 주말에 쉴 수 있고 휴가가 많아서 괜찮아"라는 식으로 자기 자신과 타협할 수 없다. 이는 이향인들이 시간의 흐름을 인식하는 독특한 방식과도 관련이 있다. 그들은 단 1분도 허투루 보낼 수 없다. 하루 중 어떤 순간도, 한 해 중 어떤 시기도, 삶의 어떤 국면도 불필요하지 않다. 그들에겐 삶의 모든 순간이 중요하며 현재를 '미래를 위한 투자'로 여기지 못한다.

어떤 의미에서 보자면 무리 짓는 사람들 틈에서 이향인으로 성공하려면 일터에서 끝까지 외부인으로 남아 있어야 한다. 많은 공동체 지향인과 달리 이향인은 직업이나 직함을 자기 정체

성의 핵심으로 여기지 않는다. 그들은 '나는 어떤 일을 하는가'가 아니라 '나는 어떤 사람인가'로 자신을 규정하며, 자신이 고용된 조직에 특별한 소속감이나 충성심을 느끼지 않는다.

이향인에게는 성공이라는 개념조차 관계적이라기보다 개인적인 것이다. 심리적으로 이향인에게는 팀의 성패보다 자신의 성과가 더 중요하다. 이들은 성공을 이기고, 인정받고, 돈을 많이 벌고, 승진하는 것으로 규정하지 않는다. 이런 평가 기준들은 집단주의자들의 유전자에 새겨져 있는 것들이다. 이향인에게 내가 속한 집단이 나를 성공한 사람으로 보는지는 중요하지 않다. 그들은 자신의 강점을 발휘함으로써 직업적 만족을 얻으며 타인의 평가에 좌우되지 않고 스스로 잘 해냈다고 느낄 때 가장 큰 성취감을 얻는다.

모두가 프리마발레리나가 되고 싶어 한다. 하지만 대부분의 사람은 주인공이 되지 못한다 해도 단원으로 남아서 함께 공연하는 것에 만족한다. 일부는 훗날 조연이나 앙상블 무용수로 있는 게 오히려 더 좋다는 사실을 깨닫기도 한다. 하지만 이향인들은 그렇지 않다. 그들은 기질적으로 솔리스트다.

그 누구도 동행할 수 없는 여정, 죽음

19장

인간은 누구나 홀로 죽음을 맞이한다

‘소속된다는 것’은 실제로 무엇을 의미할까? 나는 소속감이 허구이며 우리 마음속에만 존재하는 개념이라고 말하고 싶다. 생각해보면 우리에게 속한 것은 아무것도 없고, 우리는 그 어떤 것에도 속하지 않는다. 가장 개인적인 재산이라 할 수 있는 사람의 몸조차 길어야 80~90년 동안만 사용할 수 있을 뿐이고, 몸의 운명을 통제하는 힘도 극히 제한적이다. 소유물이 빼앗기거나 망가지거나 분실될 수 있는 것처럼 ‘나의’ 우정, ‘나의’ 동료애, ‘나의’ 관계도 언제든 사라질 수 있다. 사회적 관계를 소유할 수 있다는 생각은 인간이 죽지 않고 영원히 살 거라는 생각만큼이나 허황된 것이다.

하지만 우리는 기억을 소유할 수 있다. 이향인들은 이 사실을 본능적으로 알고 있으며, 그 덕에 마지막 순간까지 특별한 순간과 경험들로 이루어진 풍요롭고 의미 있는 삶을 만들어간다.

대부분의 이향인에게 인생의 후반부는 평온하고 만족스러운 시간이다. 심각한 병에 걸리지 않는 한, 그들은 삶의 마지막 국면을 비교적 유쾌하게 들어선다. 그들은 자신의 필요에 맞춰 삶을 가꿔왔고, 내면 세계를 풍요롭게 키워왔으며, 진정으로 소유할 수 있는 유일한 자산인 즐거운 기억을 만드는 데 힘써왔기 때문이다.

이향인들은 경험이 우리가 바라든 바라지 않든 기억 속에 새겨진다는 사실을 어느 정도 알고 있다. 정신이라는 안전한 저장 공간은 기억에 대한 모든 '투자'를 확실한 '자산'으로 만들어준다. 이는 누구도 우리에게서 앗아갈 수 없는 것이다. 삶의 대부분이 과거가 되고 기억이 마음속에서 점점 더 넓은 자리를 차지하게 될 때, 그동안의 투자는 풍성한 배당금을 안겨준다.

공동체 지향인은 나이가 들수록 삶이 손가락 사이로 빠르게 빠져나가는 것을 절실히 체감한다. 그래서 공동체의 규범에 맞춰 살아온 사람들은 대개 때늦은 후회에 짓눌리곤 한다. "그때 무슨 생각이었지? 왜 인생이 그렇게 흘러가도록 놔뒀을까?" 태어남이 그렇듯, 죽음도 결국 고독하고 외로운 경험이라는 현실은 공동체 지향인들에게 공포로 다가온다. 더 이상 계획할 미래는 줄어들고 고통스러운 기억이 그들을 괴롭히면서 노년은 불안으로 얼룩진다. 공동체 속에서 함께 살아가는 대가로 자신을 성찰할 기회를 내던졌던 그 거래는 노년에 다다를수록 점차 그 힘을 잃어간다.

평생 공동체의 규범에 따라 선택하며 살아온 인생의 끝에서 공동체 지향인들은 비로소 깨닫는다. 집단은 구성원 개개인에게 홀로 죽음을 맞는 법을 가르쳐주지 못한다는 사실을. 많은 이들이 사랑하는 사람이 죽어갈 때 그와 대화하기를 무척 힘들어한다. 그 사람이 어떤 일을 겪고 있는지 온전히 알지 못하기에, 마치 죽음을 맞이하는 사람이 그 누구도 동행할 수 없는 여정을 갑작스레 홀로 떠나는 것처럼 느낀다. 죽음을 홀로 마주해야 한다는 공포, 그리고 함께함이 결국 환상에 불과했다는 깨달음은 공동체 지향인에게 점점 더 견디기 힘든 고통이 된다. 그들은 타인을 가장 필요로 하는 순간에 누구보다 외롭고 고립된 존재가 되기 때문이다.

이것은 인간 존재가 지닌 역설 중 하나다. 인생의 끝에서 인간이 겪을 수 있는 가장 외로운 투쟁을 맞닥뜨리는 순간, 집단에 헌신한 평생의 세월이 순식간에 증발해버린다. 공동체는 이런 실존적 두려움 앞에서 일종의 위로가 되거나 최소한 생각을 다른 데로 돌리게 해주는 역할을 한다. 데이비드 포스터 월리스는 그의 유명 에세이《재밌다고들 하지만 나는 두 번 다시 하지 않을 일》*에서 자신이 다녀온 크루즈 여행을 이향인 특유의 관찰자 시선으로 묘사하며 이렇게 썼다.

"휴가는 불쾌한 것들로부터의 도피다. 죽음과 부패에 대한 의식은 불쾌한 것인데, 미국인들이 꿈꾸는 최고의 휴가가 태초부터 죽음과 부패를 관장해온 거대한 기관, 그러니까 바다 한가운데에 떠 있는 것이라는 사실은 어쩐지 기묘하게 느껴진다. 하지만 우리는 7박짜리 호화 유람선 내에 정교하게 조성된 환경 속에서 이 죽음과 부패를 이겨냈다는 온갖 환상을 만들어낼 수 있다. 끊임없이 이어지는 행사, 파티, 축제, 흥겨움과 노래, 아드레날린, 흥분, 자극. 이 모든 것이 우리를 살아 있다고 느끼게 만든다……. [이런] 선택은 죽음에 대한 공포를 초월하게 해준다기보

*
David Foster Wallace,《A
Supposedly Fun Thing I'll
Never Do Again》, (New York:
Little, Brown, 1997).

다 그 공포를 잠시 잠재워주는 데 그친다."

이향인에게 삶은 어떤 의미에서 보면 줄곧 혼자만의 여정이었다. 그래서 저 멀리 삶의 마지막 출구가 보이기 시작할 때도 그들은 홀로 죽는다는 사실을 그다지 두려워하지 않는다. 카뮈는 실존적 공포 앞에서 인간이 두 가지 선택을 할 수 있다고 썼다. 하나는 철학적 자살을 저지르고 사후세계를 약속하는 집단에 자신을 맡기는 것이고, 다른 하나는 자신의 운명을 오롯이 자기 것으로 받아들이는 것이다. 이향인은 자신의 운명을 오롯이 자기만의 것으로 받아들인다. 어떤 종교에도 속박되지 않는 이향인은 죽음 이후의 일을 규정한 교리나 믿음을 받아들이지 않는다. 대신 그들은 자기 운명에 대한 독자적인 서사를 구성한다. 그 서사가 '옳은지' 그렇지 않은지는 문제가 되지 않는다. 그들의 신념이 견고한 이유는 그것이 자기 스스로 만들어낸 온전히 자기만의 것이기 때문이다.

내가 U와의 상담을 시작했을 때, 그녀는 아흔셋이었고 나는 마흔셋이었다. 당시의 나는 삶의 끝을 맞이하는 것이 어떤 기분일지 전혀 가늠할 수 없었지만 우리는 상담 시간에 종종 죽음에 관해 이야기하곤 했다. 그건 죽음의 두려움을 극복하기 위함이 아니었다. 오히려 그녀는 피식 웃으며 이렇게 말하곤 했다. "이 나이쯤 되면 미래 계획이라 할 만한 건 죽음뿐이랍니다." U는 명문 대학의 명예교수이자 존경받는 학자였으며 맨해튼 이스트빌리지에서 보헤미안처럼 살아온 여성이었다. 리바이스 청바지를 입고 담배를 즐겨 피우던 그녀는 아흔을 훌쩍 넘긴 나이에도 여전히 활기차고 주관이 뚜렷하며 자립적인 사람이었다. 이런 면모와 다른 여러 자질을 보며, 나는 그녀가 평생 이향인으로 살아온 사람일 거라 짐작했다. 그녀는 어린 시절 처음으로 죽음이라는 개념을 알게 되었을 때 무척 두려웠다고 말했다. 자신이 죽는 것보다 언젠가 부모님이 세상을 떠나고 그들 없이 혼자 살아가야 한다는 사실이 두려웠다고 말이다. 이제 상황이 뒤바뀌어 그녀가 먼저 세상을 떠나고, 남은 사람들이 자신 없이 살아가야 할 차례였다. 그럼에도 그녀는 두려워하지 않았다. 두려워할 이유가 없다고 담담히 말했다.

많은 노인이 삶의 끝에서 죽음을 두려워하면서도 죽게 해달라고 애원할 만큼 비참한 지경에 이른다. 하지만 U는 달랐다. "난 여전히 예전부터 좋아하던 것들을 즐기고 있어요." 그녀는 내게 말했다. "로즈메리와 라벤더, 커피, 저녁 노을을 바라보는 것, 그리고 산책이죠. 난 언제나 나 자신을 위해 살아왔어요." 그리고 잠시 후 말을 이었다. "이제는 후회 없이 나 자신을 위해 죽을 거예요."

우리 사회처럼 공동체를 중시하는 곳에서 여러 종교가 죽음 이후에도 영혼이 육신의 굴레를 벗어나 살아남는다고 입을 모아 가르치는 것은 결코 우연이 아니다. 공동체 속에서 살아온 사람들은 환생하여 다시 사람들과 함께 있거나 먼저 떠난 가족들과 함께 사후세계에서 머물기를 바란다. 하지만 이런 믿음을 가진 이들조차 결국 가장 두려워하는 것은 그 믿음의 진위를 확실히 알 수 없다는 불확실성이다. U에게는 그런 두려움이 없었다. "나에게 죽음은 이치에 맞는 일이에요." 그녀는 말했다. "늘 그래왔죠. 그래서 난 최대한 준비된 상태로 여기까지 왔답니다. 난 나만의 삶을 살았고, 그 삶이 자랑스러워요. 그리고 이제 나만의 죽음을 맞이할 거예요."

몇 년 뒤, U는 잠든 사이 노환으로 세상을 떠났다. 아흔여덟 해, 그녀는 자신에게 주어진 삶을 남김없이 살았다. 그녀는 누구에게도 빚진 것이 없었고, 자신에게 빚을 진 사람 또한 없다고 생각했다. 그녀가 평생 다른 사람을 돌보며 살았던 이유는 사회적 의무나 책임감 때문이 아니라 그들의 감정에 진심으로 공감했기 때문이었다. 삶의 마지막 순간까지도 그녀는 두려워하지 않았고 원망도 없었으며 과거에 대한 아쉬움도 없었다. 그녀가 내게서 무엇을 배웠는지는 모르겠지만, 내가 그녀에게서 배운 한 가지는 확실하다. 살면서 마음의 평화를 누린 자만이 죽을 때도 평화롭게 떠날 수 있다는 것. 삶에서 평화를 얻으려면 무엇보다 자기 자신과 편안한 관계를 맺어야 한다. 그리고 그러려면 남들과 다른 나만의 방식을 온전히 이해하고 받아들여야 한다.

우리는 모두 단 한 번뿐인 삶을 살며 그 삶을 최대한 의미 있게 만들어야 할 책임이 있다. 이 사실을 누구나 알지만 실제로 행동에 옮기는 사람은 드물다. 그 이유 중 하나는 자신을 제대로 들여다보지 못해 한정된 시간을 의미 있게 쓴다는 것이 무엇을 뜻하는지 알지 못하기 때문이다. 또 다른 이유는 이런 태도, 다시 말해 집단의 필요보다 개인의 필요를 우선시하고, 자신을 위해 뭔가를 하라고 속삭이는 내면의 목소리를 외면하지 않는 것이 자칫 이기적으로 비칠까 두렵기 때문이다.

우리는 살면서 번번이 양자택일의 상황에 놓인다. 집단을 위해 자신의 필요를 희생하거나 아니면 다른 사람은 전혀 고려하지 않고 자신의 욕구대로 행동하거나. 하지만 노년이 되면 그 이분법적 선택이 잘못된 것이었음이 드러난다. 자신의 이익 대 집단의 이익이라는 싸움은 애초에 공정한 싸움이 아니었다는 사실을 깨닫는 것이다. 죽음이 다가와도 집단은 당신을 위해 멈추지도, 결코 속도를 늦추지도 않는다. 이 말은 결국 자기 자신과 잘 지내는 법을 배워야 한다는 뜻이다. 동료애와 연대감이 서서히 사라지고 나면 마지막에 남는 것은 오직 당신 자신뿐이다.

이향인들은 이 사실을 오래전부터 알고 있었다. 그들은 그걸 평생에 걸쳐 배워왔다. 자신을 돌보는 일과 타인에게 너그러움과 배려를 베푸는 일이 결코 양립 불가능하지 않다는 것을, 다른 사람들과 원만하게 지내면서도 자신에게 충실할 수 있다는 것을 말이다.

에밀리 디킨슨은《공간에 깃든 고독 There is a solitude of space》에서 이렇게 썼다.

공간에도 고독이 있고
바다에도 고독이 있으며
죽음에도 고독이 있지만, 이 모든 고독은
그보다 더 깊은 곳
극지처럼 내밀한 공간의 고독과는
비교할 수 없으리
한 영혼이 자기 자신을 받아들이는
유한 속에 깃든 무한

당신은 당신 스스로를 사랑하기로, 아니면 최소한 있는 그대로의 자신을 받아들이기로 선택할 수 있다. 결국 당신이 온전히 소유하는 것은 당신의 마음뿐이다. 그 누구도 그것을 빼앗을 수 없으며 당신이 나이 들어 끝을 마주하는 그날까지 변함없이 당신 곁에 머무는 것도 당신의 마음뿐이다. 그리고 이를 온전히 이해할 때, 비로소 깊은 평화가 찾아올 수 있다.

함께하기를 강요하는 세상에서 조용히 나만의 삶을 꾸려가는 법

나가며

이향인은 우리 주위 어디에나 있다. 지금껏 이들을 부르는 이름이 없었을 뿐, 그들은 늘 존재해왔다. 당신이 나처럼 이향인이라면, 이 책의 문장들 사이에서 당신 자신의 모습을 마주했기를 바란다. 당신이 이향인이 아니라면, 이 책을 통해 이향인들이 가진 장점과 그들에게서 배울 수 있는 삶의 관점들을 더욱 깊이 이해하게 되었기를 바란다.

최근 몇 년간, 사회 전반에 만연한 심각한 수준의 고독, 소외, 분열을 두고 많은 이들이 우려를 표해왔다. 수많은 작가, 사상가, 정책 입안자, 심지어 미국 공중보건국장까지도 공동체적 삶의 쇠퇴를 지금 우리가 겪고 있는 정신 건강 위기의 핵심 원인으로 지목한다. 그렇게 많은 이들이 소셜미디어에서 벗어나기, 사회적 지지 네트워크 확장하기, 지역 공동체에 더 적극적으로 참가하기 등 다양한 공동체적 해결책을 제시했다.

이론적으로는 이러한 생각들이 일정 부분 의미를 가지기는 한다. 하지만 현실에서 우리 사회는 공동체의 중요성을 점점 더 많이 이야기하면서도 그 어느 때보다 더 깊은 고독과 분열 속으로 빠져들고 있다. 이향인은 이런 분열되고 분노로 가득 찬 세상 속에서도 잘 살아갈 뿐만 아니라 다른 이들에게 방향을 제시할 수 있는 능력을 갖추고 있다. 그 이유는 간단하다. 그들은 자기 자신과 깊고 충만한 관계를 맺는 법을 알고 있기 때문이다.

정서적 자급자족은 행복과 성공을 위한 필수 조건이다. 이는 이향인뿐만 아니라 모든 이에게 해당하는 이야기다. 집단이나 팀, 혹은 공동체의 가치 있는 구성원이 되려면 자기 자신과도 좋은 관계를 맺고 있어야 한다.

이향인은 집단보다 자기 자신에게 집중하는 성향이 있지만 그렇다고 해서 사회적 관계를 멀리하지 않는다. 그들은 자신을 포함한 모든 사람을 집단 속에서 얼굴을 잃은 일원이 아닌 개별적 존재로 바라볼 뿐이다. 막연하게 하나로 뭉뚱그려진 집단을, 그들이 우리와 다르고 열등하며 위협적이라는 편견 속에서 혐오하기는 쉽다. 하지만 사람을 한 명의 개인으로 이해하게 되면 '그들 모두가 싫다'는 식의 적대감은 더 이상 성립하지 않는다. 이향인은 타인의 어려움에 진심으로 공감하는 것이 그리 어렵지 않음을 보여준다. 그들은 '우리 대 그들'이라는 단순한 이분법을 허물며 공감을 실천하고 집단 간 경계를 넘어 사람들과 더 잘 어울리는 법을 몸소 증명해 보인다.

나를 찾아오는 환자 중 상당수가 이유도 알지 못한 채 자신의 삶에 불필요한 짐을 지우고 그 무게에 짓눌려 고통을 호소한다. 하지만 인생의 어떤 선택에도 타인의 승인이 필요하지 않다는 사실을 깨닫는 순간, 그 짐은 어김없이 가벼워진다. 자신의 욕구와 집단의 욕구를 구분하고 그중 무엇이 진정으로 중요한지 스스로 결정할 줄 알게 되면, 그때부터 삶은 믿을 수 없을 만큼 수월해진다. 또한 자신이 삶에서 조연이 아닌 주인공으로 살아가고 있다는 생각은 군집적 사고에서 벗어나 더 명료하고 막힘없는 시선으로 세상을 바라볼 수 있게 해준다. 자신의 이익보다 집단의 이익을 우선하는 태도는 타인과 어울리는 데는 유용할지 모르나 자기 자신과 잘 지내는 데는 적합하지 않다.

이향인은 자기중심적이지만 경쟁을 좋아하지는 않는다. 안타깝게도 공동체 환경에서의 성공은 일반적으로 경쟁에 기반하는데, 그 경쟁은 종종 불공정하고 공격적인 성향을 띤다. 그리고 집단, 특히 직업 세계에서의 집단은 보통 이런 삶의 태도를 따르는 사람들이 지배하므로, 우리의 성과는 애초에 그런 기질로 성공을 거둔 이들이 정한 기준에 따라 평가받곤 한다. 그런 까닭에 대립을 피하고 매정하게 보이기를 원치 않으며 빼앗기보다 베풀고자 하는 사람은 그보다 덜 사려 깊고 더 뻔뻔한 사람들과의 경쟁에서 자주 패한다. 그래서 우리는 경쟁의 장을 공평하게 만들겠다며 그들에게 주류의 행동 방식에 맞출 것을 요구한다. 단호한 태도를 보이고, 침묵하지 말고 목소리를 내고, 남의 비위를 맞추지 말라고 말이다. 그렇게 함으로써 친절함과 겸손이 약점이라는 위험한 생각을 우리 안에 더욱 깊이 새겨넣는다.

이향인은 이런 사람들에게 더 온화하고 자비로운 방식으로 성공하는 법에 대한 여러 교훈을 전해줄 수 있다. 그들은 자신이 만들지도 않았고 온전히 이해하지도 못하는, 이기기 위해서는 공격해야 한다는 암묵적 규칙을 따르지 않는다. 이향인은 성공을 타인과의 비교 속에서 얻은 성취가 아니라 자신이 이룬 결과로 정의한다. 그리고 그들의 배려심은 '남에게 친절하라'는 가르침이 아니라 타고난 공감 능력에서 우러나오는 것이다. 그들이 전하는 교훈은 인생에서 가장 좋은 것들은 누군가의 희생 없이도 충분히 얻을 수 있다는 것이다. '돕는 쪽'과 '해치는 쪽' 중에서 고를 수 있는 선택권이 언제나 존재하지만 많은 이들이 뚜렷한 이유도 없이 후자를 택한다.

이향인에게는 그런 선택지가 없다. 그들은 본능적으로 배려를 택한다. 아무리 많은 사람이 있어도, 이향인은 그 한 사람 한 사람을 개별적 존재로 보기 때문이다. 명목상 인류는 선의를 찬양하지만 현실 속에서는 포용이나 친절보다 경쟁과 대립, 차별이 훨씬 흔하게 일어난다.

기껏해야 우리 사회는 선의를 그 자체로 추구할 목표가 아닌 사회적 자본의 한 형태로 여길 뿐이다. 친절을 베푸는 경험이 자신과 주변 사람 모두에게 깊은 만족을 주는 일임을 생각하면 이는 무척 뜻밖의 일이다. 친절이 칭찬받을 만한 덕목이기는 해도 인간은 결국 권력을 더 존중한다. 그리고 그 권력을 좀처럼 나누려 하지 않는다. 사실상 모든 분야에서 가장 강력한 지위는 다른 이들을 짓밟으며 올라섰을 때 도달한다. 그 결과 권력을 얻을수록 더 이기적이고 경쟁적으로 변하는 악순환이 만들어진다. 진심으로 남을 위하는 사람들은 우리의 존경을 받을 수 있을지 몰라도, 돈과 권력, 그리고 세속적 성공의 상징으로 여겨지는 다른 것들을 얻는 경우가 매우 드물다.

이러한 악순환이 계속되도록 놔두는 게 과연 우리 모두에게 좋은 일일까? 이 악순환은 오직 우리 스스로 끊을 수 있다. 훈련된 친절이 아닌 공감에서 비롯된 배려는 자신에게 더 큰 만족을 줄 뿐 아니라 주변 사람들의 삶까지 한결 따뜻하고 유쾌하게 만든다. 이는 우리 모두에게 이로운 일이다. 상상해보라. 모든 사람이 다정하고 사려 깊은 세상, 갈등과 악의 없이 고요한 삶을 누릴 자유가 있는 세상, 성공을 위해 남 짓밟기를 거부해도 사회적 불이익을 받지 않는 세상을 말이다. 유토피아처럼 들릴지 모르지만 이향인의 삶이 전하는 교훈이 널리 퍼진다면 나는 충분히 현실이 될 수 있을 거라고 믿는다.

어린 시절 나는 아버지의 죽음 후 왕이 된 어린 왕자의 이야기를 그린 《마치우시 왕 1세》*라는 아름다운 동화를 읽고 또 읽었다. 왕이 된 그는 아이들을 위한 정의로운 법을 만들려 하지만 어른들의 이기적인 욕심에 그의 선한 의도는 번번이 좌절된다. 이 책의 작가 야누시 코르차크Janusz Korczak는 바르샤바에서 유대인 고아원을 운영하던 폴란드의 소아과 의사였다. 나치가 폴란

*

Janusz Korczak, 《King Matt
the First》(Warsaw: Farrar,
Straus and Giroux, 1923).

드를 점령하고 고아들을 데려가려 했을 때 그는 그들과 함께 죽음을 택했다. 그의 죽음이 숭고했다는 사실이 중요할까? 나는 중요할 뿐만 아니라 그의 선의가 남긴 흔적이 지금도 존재한다고 믿는다. 비록 아무도 그를 혹은 《마치우시 왕 1세》를 기억하지 못한다 해도, 내게 코르차크 박사는 위대한 인물이다.

선의의 발자국을 남기는 일은 그리 어렵지 않다. 당신 안에 잠든 반항심을 깨워내기만 하면 된다. 기존 질서를 맹목적으로 따르지 말고, 그것에 질문을 품고 도전하라. 꼭 이향인이 아니어도 군집적 사고의 합의를 거부할 수 있다. 자신과 집단 사이에 충분한 거리를 두는 일, 그것만으로도 충분하다.

어딘가에 속할 수 있는 특권을 얻고자 무자비해져야 한다면 그것은 지나치게 부당한 희생이다. 당신이 이향인이든 아니든 불친절하고 잔인하며 이기적인 것들과 결별하는 데는 누구의 허락도 받을 필요가 없다. 헨리크 입센Henrik Ibsen이 《민중의 적》에서 쓴 것처럼 "사회가 부패한 가치를 추구할 때, 진정한 도덕성을 지키는 일은 개인의 의무다." 트럼프식 집단 사고가 사람들에게 '강하게 주장하고 공격적으로 행동하라'고 요구하는 목소리가 그 어느 때보다 커지고 집요해지고 있는 이 시대에, 보다 온화하고 친절한 길을 택하는 것은 오직 우리의 선택에 달려 있다.

이향인 테스트

부록

각 문항을 읽고 자신에게 해당하는 숫자에 동그라미를 치세요.
다 마치면 점수를 모두 합산합니다.

총점이 188점 이상이면 당신은 이향인일 가능성이 큽니다.
그런 경우라면 당신이 지닌 이 특별한 면모를 더 잘 이해하고
기꺼이 받아들이는 데 이 책이 도움이 되었기를 바랍니다.

총점이 188점 미만이면 당신은 이향인이 아닐 가능성이 큽니다.
그런 경우라면 당신의 삶 속에 혹은 주변에 있는 이향인들을
이해하고 존중하는 데 이 책이 도움이 되었기를 바랍니다.

1. 나는 사람들이 많이 모인 곳에 있으면 외로움을 느낀다.

7점	6점	5점	4점	3점	2점	1점
매우 그렇다	꽤 그렇다	그렇다	보통이다	그렇지 않다	꽤 그렇지 않다	전혀 그렇지 않다

2. 내 삶에서 진정으로 가까운 사람은 극소수다.

7점	6점	5점	4점	3점	2점	1점
매우 그렇다	꽤 그렇다	그렇다	보통이다	그렇지 않다	꽤 그렇지 않다	전혀 그렇지 않다

3. 나는 파티를 즐기며 가능한 한 자주 참석한다.

1점	2점	3점	4점	5점	6점	7점
매우 그렇다	꽤 그렇다	그렇다	보통이다	그렇지 않다	꽤 그렇지 않다	전혀 그렇지 않다

4. 나는 혼자만의 시간이 많이 필요하다.

7점	6점	5점	4점	3점	2점	1점
매우 그렇다	꽤 그렇다	그렇다	보통이다	그렇지 않다	꽤 그렇지 않다	전혀 그렇지 않다

5. 슬플 때 나는 사람들이 곁에서 나를 위로해주길 바란다.

1점 매우 그렇다	2점 꽤 그렇다	3점 그렇다	4점 보통이다	5점 그렇지 않다	6점 꽤 그렇지 않다	7점 전혀 그렇지 않다

6. 나는 혼자 있는 것을 좋아한다. 나 자신이 최고의 친구다.

7점 매우 그렇다	6점 꽤 그렇다	5점 그렇다	4점 보통이다	3점 그렇지 않다	2점 꽤 그렇지 않다	1점 전혀 그렇지 않다

7. 나는 요즘 유행하는 인기 장소에 관한 소식을 가장 먼저 듣는다.

1점 매우 그렇다	2점 꽤 그렇다	3점 그렇다	4점 보통이다	5점 그렇지 않다	6점 꽤 그렇지 않다	7점 전혀 그렇지 않다

8. 나는 혼자 일하는 것을 좋아한다.

7점 매우 그렇다	6점 꽤 그렇다	5점 그렇다	4점 보통이다	3점 그렇지 않다	2점 꽤 그렇지 않다	1점 전혀 그렇지 않다

9. 나는 내 신념을 따르는 데 타인의 동의를 구하지 않는다.

7점 매우 그렇다	6점 꽤 그렇다	5점 그렇다	4점 보통이다	3점 그렇지 않다	2점 꽤 그렇지 않다	1점 전혀 그렇지 않다

10. 나는 조직화된 종교의 신자다.

1점 매우 그렇다	2점 꽤 그렇다	3점 그렇다	4점 보통이다	5점 그렇지 않다	6점 꽤 그렇지 않다	7점 전혀 그렇지 않다

11. 나는 소셜미디어를 자주 사용한다.

1점 매우 그렇다	2점 꽤 그렇다	3점 그렇다	4점 보통이다	5점 그렇지 않다	6점 꽤 그렇지 않다	7점 전혀 그렇지 않다

12. 숨길 것은 없지만, 내 삶은 되도록 남에게 드러내지 않고 싶다.

7점 매우 그렇다	6점 꽤 그렇다	5점 그렇다	4점 보통이다	3점 그렇지 않다	2점 꽤 그렇지 않다	1점 전혀 그렇지 않다

13. 나는 통념을 믿지 않는다. 그것은 집단 사고일 뿐이다.

7점	6점	5점	4점	3점	2점	1점
매우 그렇다	꽤 그렇다	그렇다	보통이다	그렇지 않다	꽤 그렇지 않다	전혀 그렇지 않다

14. 나는 사색을 하나의 활동으로 여긴다.

7점	6점	5점	4점	3점	2점	1점
매우 그렇다	꽤 그렇다	그렇다	보통이다	그렇지 않다	꽤 그렇지 않다	전혀 그렇지 않다

15. 나는 삶의 적극적 참여자가 아닌 관찰자다.

7점	6점	5점	4점	3점	2점	1점
매우 그렇다	꽤 그렇다	그렇다	보통이다	그렇지 않다	꽤 그렇지 않다	전혀 그렇지 않다

16. 나는 혼자 있는 것을 좋아하지 않는다.

1점	2점	3점	4점	5점	6점	7점
매우 그렇다	꽤 그렇다	그렇다	보통이다	그렇지 않다	꽤 그렇지 않다	전혀 그렇지 않다

17. 대부분의 사람이 내가 수줍음이 많다는 걸 모르는 것 같다.

7점	6점	5점	4점	3점	2점	1점
매우 그렇다	꽤 그렇다	그렇다	보통이다	그렇지 않다	꽤 그렇지 않다	전혀 그렇지 않다

18. 나는 밝은색 옷을 좋아한다. 그래야 군중 속에서 내가 두드러지기 때문이다.

1점	2점	3점	4점	5점	6점	7점
매우 그렇다	꽤 그렇다	그렇다	보통이다	그렇지 않다	꽤 그렇지 않다	전혀 그렇지 않다

19. 나는 주변 사람들로부터 관심받는 것을 좋아한다.

1점	2점	3점	4점	5점	6점	7점
매우 그렇다	꽤 그렇다	그렇다	보통이다	그렇지 않다	꽤 그렇지 않다	전혀 그렇지 않다

20. 다른 사람들의 의견은 내게 매우 중요하다.

1점	2점	3점	4점	5점	6점	7점
매우 그렇다	꽤 그렇다	그렇다	보통이다	그렇지 않다	꽤 그렇지 않다	전혀 그렇지 않다

21. 일하는 공간을 공유하면 아이디어를 나누기에 좋다고 생각한다.

1점	2점	3점	4점	5점	6점	7점
매우 그렇다	꽤 그렇다	그렇다	보통이다	그렇지 않다	꽤 그렇지 않다	전혀 그렇지 않다

22. 나는 다른 사람들이 내 의견에 동의할 때 기분이 좋다.

1점	2점	3점	4점	5점	6점	7점
매우 그렇다	꽤 그렇다	그렇다	보통이다	그렇지 않다	꽤 그렇지 않다	전혀 그렇지 않다

23. 나는 소수자가 되어도 개의치 않는다.

7점	6점	5점	4점	3점	2점	1점
매우 그렇다	꽤 그렇다	그렇다	보통이다	그렇지 않다	꽤 그렇지 않다	전혀 그렇지 않다

24. 나는 외부에서 주어진 생각을 따르기보다 내 삶을 이끌 나만의 철학을 세우는 편이다.

7점	6점	5점	4점	3점	2점	1점
매우 그렇다	꽤 그렇다	그렇다	보통이다	그렇지 않다	꽤 그렇지 않다	전혀 그렇지 않다

25. 나는 이해받기를 원한다.

1점	2점	3점	4점	5점	6점	7점
매우 그렇다	꽤 그렇다	그렇다	보통이다	그렇지 않다	꽤 그렇지 않다	전혀 그렇지 않다

26. 나는 가끔 내 생각이 두려울 때가 있다.

7점	6점	5점	4점	3점	2점	1점
매우 그렇다	꽤 그렇다	그렇다	보통이다	그렇지 않다	꽤 그렇지 않다	전혀 그렇지 않다

27. 나는 내 견해를 갖고 있으며 그것이 맞다고 생각한다.

7점	6점	5점	4점	3점	2점	1점
매우 그렇다	꽤 그렇다	그렇다	보통이다	그렇지 않다	꽤 그렇지 않다	전혀 그렇지 않다

28. 모든 질문에는 답이 있다고 생각한다.

1점	2점	3점	4점	5점	6점	7점
매우 그렇다	꽤 그렇다	그렇다	보통이다	그렇지 않다	꽤 그렇지 않다	전혀 그렇지 않다

29. 나는 어떤 생각이나 개념이든 스스로 검토해보기 전에는 받아들이지 않는다.

7점	6점	5점	4점	3점	2점	1점
매우 그렇다	꽤 그렇다	그렇다	보통이다	그렇지 않다	꽤 그렇지 않다	전혀 그렇지 않다

30. 나는 나 자신의 주인이어야 한다.

7점	6점	5점	4점	3점	2점	1점
매우 그렇다	꽤 그렇다	그렇다	보통이다	그렇지 않다	꽤 그렇지 않다	전혀 그렇지 않다

31. 모든 문제에는 가능한 여러 해결책이 있다고 생각한다.

7점	6점	5점	4점	3점	2점	1점
매우 그렇다	꽤 그렇다	그렇다	보통이다	그렇지 않다	꽤 그렇지 않다	전혀 그렇지 않다

32. 나는 선생님이나 상사는 언제나 옳다고 생각한다.

1점	2점	3점	4점	5점	6점	7점
매우 그렇다	꽤 그렇다	그렇다	보통이다	그렇지 않다	꽤 그렇지 않다	전혀 그렇지 않다

33. 나는 회의를 할 때 가장 좋은 아이디어가 떠오르곤 한다.

1점	2점	3점	4점	5점	6점	7점
매우 그렇다	꽤 그렇다	그렇다	보통이다	그렇지 않다	꽤 그렇지 않다	전혀 그렇지 않다

34. 나는 전문 분야 하나에만 집중하기보다 다방면에 관심이 많다.

7점	6점	5점	4점	3점	2점	1점
매우 그렇다	꽤 그렇다	그렇다	보통이다	그렇지 않다	꽤 그렇지 않다	전혀 그렇지 않다

35. 나는 스스로에게 의지한다. 타인에게 도움을 청하는 것은 내게 어려운 일이다.

7점	6점	5점	4점	3점	2점	1점
매우 그렇다	꽤 그렇다	그렇다	보통이다	그렇지 않다	꽤 그렇지 않다	전혀 그렇지 않다

36. 나에 관한 이야기를 공유할 때, 모든 세부 사항까지 정확히 전달하려 한다.

1점	2점	3점	4점	5점	6점	7점
매우 그렇다	꽤 그렇다	그렇다	보통이다	그렇지 않다	꽤 그렇지 않다	전혀 그렇지 않다

37. 진정한 지혜는 세대를 거쳐 내려오는 것뿐이라고 믿는다.

1점	2점	3점	4점	5점	6점	7점
매우 그렇다	꽤 그렇다	그렇다	보통이다	그렇지 않다	꽤 그렇지 않다	전혀 그렇지 않다

38. 나는 권위 있는 인물들을 깊이 존경한다.

1점	2점	3점	4점	5점	6점	7점
매우 그렇다	꽤 그렇다	그렇다	보통이다	그렇지 않다	꽤 그렇지 않다	전혀 그렇지 않다

39. 나는 새로운 생각을 좋아한다.

7점	6점	5점	4점	3점	2점	1점
매우 그렇다	꽤 그렇다	그렇다	보통이다	그렇지 않다	꽤 그렇지 않다	전혀 그렇지 않다

40. 나는 종종 스스로에게 질문을 던진다.

7점	6점	5점	4점	3점	2점	1점
매우 그렇다	꽤 그렇다	그렇다	보통이다	그렇지 않다	꽤 그렇지 않다	전혀 그렇지 않다

감사의 말

이 책은 이향인이 쓴 책입니다. 그러므로 팀 작업의 산물일 수 없으며 감사를 표할 사람도 많지 않습니다. 하지만 여기에 언급하는 이들은 이 책이 세상에 나오기까지 없어서는 안 될 존재였습니다. 따라서 이 글에 등장하는 협업자 수는 적지만 그들을 향한 고마운 마음만은 넘칩니다.

먼저, 내 인생의 동반자이자 내 삶에 가장 큰 영향을 준 마야 바이저에게 감사를 표하고 싶습니다. 그리고 우리의 아이들, 오리엘과 도리안에게도 고마움을 표합니다. 이 작은 가족과 함께 평화롭고 화목하게 살아온 일은 내게 큰 특권이자 기쁨이었습니다. 가족은 바깥세상의 소용돌이로부터 나를 보호해주었고, 내가 소속감을 느낄 이유와 방식을 가르쳐주었습니다.

비소속성에 관한 나의 연구는 오랜 세월에 걸쳐 이어져왔습니다. 외로운 시간이었지만 고립되지는 않았습니다. 내 생각은 내 삶에서 가장 오래 지속된 경험, 즉 환자들과 함께한 시간 속에서 다듬어지고 새로이 형성되었습니다. 이 책에 담긴 여러 핵심 내용, 특히 삶을 더 편하게 만드는 방법과 관련된 부분은 이향인과 비이향인을 가리지 않고 환자들과의 대화를 통해 발전시킨 것입니다. 나는 '소속된 삶'과 '외부인의 삶'이 얼마나 다른지 직접 목격했고, 각 환자를 괴롭히는 문제에 대한 해답을 찾기 위해 노력했습니다. 그 과정에서 편견이나 선입견 없이, 다시 말해 내 주관이 공감하는 능력을 방해하지 않도록 하면서 환자들의 세계를 보는 법을 배웠습니다. 그렇게 나는 환자들의 눈으로 세상을 보며 여러 삶을 살아온 것입니다. 세월이 흐르며 환자들은 내게 인간 존재에 대한 다층적이고 섬세한 이해를 선물해주었습니다. 그들이 없었다면 이 책은 존재할 수 없었을 것입니다. 나는 한결같이 환자들에게 깊이 감사하는 마음을 품어왔고, 그 마음은 지금도 변함없습니다.

이 책을 말 그대로 만들어준 이들에게도 감사를 전합니다. 헌신적이고도 뛰어난 실력의 문학 에이전트 베스 데이비, 그리고 비범한 통찰과 재능을 지닌 출판인 겸 편집자 탈리아 크론. 두 사람은 이 책의 핵심을 제대로 파악하고, 내 생각을 다듬어 문장 속에 내 목소리를 불어넣을 수 있게 도와주었습니다. 베스와 탈리아를 만난 것은 내게 큰 행운이었습니다. 현명함과 다정함으로 무장한 그들은 나를 낯선 출판의 길로 인도했고, 결국 나는 그 길의 끝에서 '더 쓰고 싶다'는 마음으로 걸어 나올 수 있었습니다.

책을 쓰는 과정에서 내게 아낌없는 지지를 보내준 분들이 있습니다. 내 환자가 아닌 분들이기에 이름을 밝혀 감사를 전합니다. 멜라니 리핵, 린지 테일러, 에이미 펠런, 미미 스턴리히트, 에이미 저코위츠, 파이나 슈뮬리얀, 제임스 스톤, 조앤 셰인브룩, 예후다 펄, 조지프 슈피겔, 그리고 일라이 멜츠먼.

마지막으로 정신의학에 입문할 때 만난, 그리고 가장 큰 가르침을 주신 칼먼 박사님께 감사드립니다. 그분이 환자들을 대하는 모습을 지켜보고 그분이 들려준 생각을 통해, 나는 이향인 정신과 의사로 살아가는 데 필요한 거의 모든 것을 배웠습니다. 그분이 저를 바로 세워주지 않았다면 제 자리를 찾기까지 훨씬 더 오래 걸렸을 것입니다. 칼먼 박사님, 만약 이향인을 위한 천국이 있다면, 박사님이라면 분명 자신이 마땅히 가야 할 그 자리를 환자나 제자 중 한 사람에게 양보하셨을 테죠. 박사님께 영원히 감사드립니다.

이향인

1판 1쇄 발행 2026년 3월 25일
1판 7쇄 발행 2026년 4월 29일

지은이 라미 카민스키
옮긴이 최지숙
펴낸이 김영곤
펴낸곳 (주)북이십일 21세기북스

출판부문 출판2본부장 윤서진
인문서가팀 한이슬 양지원
교정교열 최진 **디자인 표지** 프롬디자인 **디자인 본문** 이슬기
마케팅팀 유진선 이수진 김설아
마케팅영업부문 정지은
영업팀 김지윤 강경남 김도연
e-커머스팀 장철용 명인수 황성진
해외기획팀 홍희정 소은선
제작팀 이영민 권경민

출판등록 2000년 5월 6일 제406-2003-061호
주소 (10881) 경기도 파주시 회동길 201(문발동)
대표전화 031-955-2100 **팩스** 031-955-2151 **이메일** book21@book21.co.kr

KI신서 16160
ⓒ 라미 카민스키, 2026
ISBN 979-11-7357-860-1 03180

(주)북이십일 경계를 허무는 콘텐츠 리더

21세기북스 채널에서 도서 정보와 다양한 영상자료, 이벤트를 만나세요!

페이스북 facebook.com/21cbooks　　**블로그** blog.naver.com/21c_editors
인스타그램 instagram.com/jiinpill21　**홈페이지** www.book21.com
유튜브 youtube.com/book21pub